투명한 영혼으로 만나는 예수 사랑의 순애보

투명한 영혼으로 만나는
예수 사랑의 순애보

김현주 지음

순 출판사
C.C.C./한국대학생선교회

순(筍)출판사는 주님의 지상명령 성취와 한국 교회를 섬기기 위한 C.C.C.(한국대학생선교회)의 문서사역을 감당하고 있습니다.

筍 이새의 줄기에서 뻗어나온 연한 순(筍)은 주님을 가리킨다(사 11:1, 53:1~12). 순은 우리 나라 시인들의 순박하고 구원(久遠)한 시골 소녀상이기도 하다. 순은 가지에서부터 무한히 뻗는 동안 잎과 꽃과 열매를 맺는다. 순은 자신을 위해 있는 것이 아니라 숨어 버리는 무한한 생명의 전달자요, 나룻배요, 어머니요, 수단이요, 기능일 뿐이다. 오늘도 C.C.C. 산하의 수만 개의 '순'은 이 땅에 푸르른 그리스도의 계절을 위하여 강인한 생명력으로 힘차게 뻗어가고 있다.

사랑하는 딸 은혜와
아들 은찬이에게 이 책을 바칩니다.

추천의 글

    사역을 하며 준비한 글과 암투병 중에도 지극한 영혼 사랑으로 하나님의 품에 안기기 전까지의 일기를 모아 책을 출판하게 되어 진심으로 축하드립니다.

    아내를 천국에 먼저 보내어 외롭고 힘들어 할 때 최근세 간사에게 편지를 보냈습니다. 세상에서 가장 소중한 것을 빼앗아 가신 주님은 사모님을 더욱 사랑해서, 더욱 필요해서 더 좋은 곳으로 데려 가셨습니다. 전체를 주고 전체를 박탈하신 절대사랑은 우리가 지금은 다 헤아릴 수 없으나 그럴수록 주님은 더 절실하게 애절하게 가까이 계십니다. 주님이 특별히 쓰시는 종들의 필수 코스처럼 주의 학습 과목 중 하나일까요? 지금은 너무 고독하고 처절하게 슬프고 아프지만 영혼의 뿌리가 깊이 뻗는 겨울 나목(裸木)의 강함이 체험될 것입니다. 더욱 마음이 가난해지십시오. 세상 욕심 줄 끊고 더 가깝게, 더 새롭게 되십시오. 일지를 쓰십시오. 순애보를 쓰십시오. 편지를 사모님께 보내십시오. 나의 이런 권면을 받아들여 편지를 천국으로 써 보내며 슬픈 고독에서 일어나는 부활의 노래를 준비하는 삶이 승리의 서곡으로 지순한 사랑을 담고 있습니다.

대학교 때 C.C.C.를 통하여 예수를 믿은 김현주 간사는 전주 C.C.C. 부총순장으로 헌신했습니다. 졸업 후에는 C.C.C.간사로 사역하며 C.C.C.에서 결혼 후 함께 사역한 간사 부부로 '80세계복음화성회 때 세계 선교에 헌신하기로 결단한 후 필리핀에서 선교사로 드려졌습니다. 지성의 한복판인 캠퍼스에서 C.C.C. 순모임으로 배운 사역을 교회에도 영향력을 주어 그의 열매가 얼마나 풍성한가를 보며 감사합니다.

영혼을 사랑한 깊은 애정에 심령을 꿰뚫은 부드러운 카리스마로 각계 각층의 사람들을 변화시키는 것을 보았습니다. 썩어진 한 알의 밀알이 되어 기도를 즐기며 무릎으로 살아간 그의 열매가 탐스럽게 주렁주렁합니다. 누구와도 편안하게 통하는 사람, 맛이 나는 간사 중의 간사. 온몸으로 주님을 뜨겁게 사랑하며 못다한 주님에의 열애를 순애보에 담았습니다. 그리스도인의 신앙의 진가는 고난 가운데 빛이 납니다. 고통 중에도 4영리 전도와 손때 묻은 기도 노트는 이름 모를 들꽃의 향기처럼 오늘도 피어오릅니다. 극한 투병 가운데서도 고통을 감사로 승화시키는 심지가 견고한 그의 신앙의 실과는 물가에 심기운 나무처럼 시절을 좇아 맺는 감사의 열매로 싱그럽기만 합니다.

그의 삶은 사도행전에서 뛰어 나온 사람처럼, 영혼 사랑을 불태운 순장으로 생명의 수태자로, 한 영혼 붙들고 씨름하며 영혼 사랑

에 기뻐 즐거워하고 별처럼 빛나는 삶을 살았습니다. 생명을 전하며 헌신하는 일생이 한 순장의 행전이며 크리스천이 어떻게 살아야 하는가를 보여 주는 순장의 모델로 정말 아름다운 그리스도인이었습니다. 그는 영혼의 농사꾼으로 정글에서 맹수를 잡는 것처럼 고독한 무명의 전도자로 짧은 생애였지만, 그의 고백처럼 원없이 하나님의 일을 하고 그렇게 풍성하게 살았습니다. 그는 C.C.C. 사역의 열매이며 하나님의 교회에 준 영향력은 우리의 귀감이 되어 자랑스럽습니다.

　　본서를 통해서 예수를 열애한 영혼 사랑이 전해지기를 바라며, 감사를 잃어버린 그리스도인에게 감사의 불을 붙여 줄 것을 확신합니다.

　　　　　　　　　　　　　　C.C.C.총재 김준곤 목사

프롤로그

　영혼의 모태인 C.C.C.에서 예수 그리스도를 만나 신앙 훈련을 받으며 비전을 세웠던 한 생애를 살아간 한 영혼의 영향력에 감격한다. 연한 순으로 시작하여 순이 자라 커다란 나무가 되어 새들이 깃들이는 꿈을 꾸며 순이 들풀처럼 누룩처럼 퍼져나가기를 소원했던 뜨거운 기도가 응답되어 주렁주렁 열매로 맺어 가는 모습을 보게 된다. 이는 주님을 너무도 열애한 순애보이며 한 영혼을 붙들고 씨름하는 영혼 사랑의 헌신, 부드럽지만 강력한 카리스마가 드러난 삶, 끊임없는 기도의 무릎에서 나오는 열매들, 고난 속에서 캐낸 진주 같은 보배와 맑은 영혼을 통해 우러나온 비밀한 감사의 노래이며 생활 속에서 길어 올린 행복한 고백이다. 책 출판을 위해 투병 가운데 원고를 준비하며 정리한 글을 모으고 함께했던 많은 열매들의 간증은 그의 영향력을 보여 준다. 한 알의 썩어지는 밀알로 살아간 발걸음에 그리스도의 꽃이 피어나고 있다.
　4영리로 예수를 영접하고 연약한 한 영혼의 순이 신앙의 연단으로 훈련되어 C.C.C. 순장으로 복음의 못자리 판인 대학에서 미래의 지도자인 대학생들과 사역하며 청년들의 가슴에 예수를 심고, 기도로 다져진 무릎과 영혼 사랑에 목말라하며 생명을 수태하고, 한 영혼을 키우는 보람과 열정이 한 순장이 걸어온 발자취가 영혼의 수태하고 키우는 행전으로 다가온다.

자신이 배운 것은 C.C.C.의 4영리 전도와 순모임과 제자훈련으로 순론의 방법이며, 교회 부흥의 비결도 C.C.C.에서 배운 방법으로 할 수 있다고 강조했다. 그 영향력은 교회에 심어져 소중한 순장의 영혼 사랑을 교회에 접목하고 그 열매를 수확하며 기뻐하는 평생 순장의 행전이다.

이 책을 통하여 우리 아이들이 커서 엄마가 그리워지고, 엄마가 어떻게 살았는가 궁금할 때 엄마에 대한 아련한 추억을 상기시켜 주고, 엄마 아빠가 어떻게 살았는가를 보여 주고 싶다. 그러기에 생활 속의 삶이요, 영혼 사랑의 노래이며, 한 페이지, 한 자마다 눈물로 쓴 애가에 믿음의 유산되어 자녀들에게 신앙의 뿌리로 이어가기를 기대한다.

책을 출판할 수 있도록 도전해 주시고 격려해 주신 C.C.C. 박성민 총무님께 감사드리며, 오래된 기억을 더듬으며 너무 가슴 아파하여 어려운 글을 아린 사랑으로 써 주신 고마운 분들과 순출판사의 헌신과 수고에 감사드립니다. 또한 원고를 수없이 타이핑하고 정리하며 쓰린 마음으로 같이 해 준 신성애 간사의 애정 어린 사랑과 원고 정리와 교정으로 수고해 준 신앙의 제자이며 믿음의 동지인 경원 간사와 유미 자매의 격려에 감사한다. 무엇보다도 자신의 일처럼 우리와 함께 울고 같이 기뻐해 준 존경하는 동역자들에게 고마움을 전하고 싶다.

언덕 위의 하얀 집 목포C.C.C. 센터에서 최근세

나의 강, 당신

서명희 · 시인, 헝가리 선교사

강물, 물은 흘러가지만
강, 강은 흘러보낼 뿐이다.

팔이 안으로 굽는 것처럼,
강은 두 강변으로
한 순간도 머물 수 없는 물을
언제나 껴안아
도닥거려 보내는
강은, 가족 같다.

가물기도, 범람하기도 했었다.
무거운 배도 실어 보냈지.
나뭇가지나 지푸라기에도
물살을 돌려 주었고.
나는 지금 강변도로를 지나가고 있지만,
"나의 강,

당신이 그립습니다."

강물은, 흘러가지만
강은, 흘러 보낼 뿐이다.
천국… 그 날까지.

차례

- 추천의 글 - 김준곤
- 프롤로그 - 최근세
- 나의 강, 당신 - 서명희

1 사역의 기본기 - 기도 · 21
　기도를 즐기는 신앙/ 꺼지지 않는 기도의 향불되어/ 손때 묻은 기도노트

2 영혼의 못자리 판에서 · 37
　행복한 포로의 고백/ 법당을 돌며 예수 대학을 꿈꾸다/ 성경 한 권 들고 성남C.C.C. 개척/ 순 페스티벌/ 간사님의 아가서/ 남편 설교는 신선해요/ 끈끈한 애정으로 뭉쳐진 목포C.C.C./ 순론의 제자화 훈련을 교회에서

3 생활 속에서 튀어 나온 복음 · 71

사랑의 향기, 온 세상에 퍼져/ 천사표 아줌마/ 누워서 인도한 순모임/ 전도하는 것이 그렇게 재미있다/ 하나님은 나만 편애합니까?/ 내 생애 가장 행복한 나들이/ 내 소중한 가족/ 사랑하고 보고픈 남편/ 귀여운 아들 은찬에게/ 사랑하는 딸 은혜에게/ 부부싸움의 피난처 된 우리집/ 유쾌, 상쾌, 통쾌한 만남/ 고난 가운데 배운 황홀한 감사

4 모든 족속으로 제자를 삼으라 · 119

모든 족속으로 제자 삼는 감격/ 생명을 전하는 즐거운 일/ 가난한 자들을 향한 기도/ 잠 못 이루는 밤/ 짧은 만남 영원한 은혜

5 고난 속에서 캐낸 진주 · 139

내가 암이라니/ 정금같이 나오리라/ 하나님의 손에 매달린 생명/ 생명을 건 기도/ 파란만장한 생애/ 생명을 나눈 형제들/「병상일기」 전도는 쉴 수 없어/ 나처럼 행복한 사람이 있을까?/ 감사! 감사! 감사!/ 평강으로 인도해 주신 하나님/ 내 모습 이대로/ 내 사역지, 병실/ "주님, 나 왔습니다"/ 주님께 가고 싶은 마음

6 부드러운 카리스마 · 177

너무도 사무치게 그리운 아내(최근세)/ 암 투병 중인 내 친구 현주를 생각하며(김미순)/ 간사 중의 간사(박정숙)/ 받는 것보다 주는 것이 더 자연스러운 분(이영애)/ 못 말리는 간사님(송해도)/ 부드러운 카리스마(김애란)/ 섬기신 모습 흉내내며 살게요(박상선)/ 숨겨진 비밀을 털어놓게 만드신 상담의 카리스마(전은자)/ 사람을 끄는 매력(소은숙)/

주님 향한 불타는 사랑으로(신미라)/ 온 몸으로 주님을 사랑하여(신민옥)/ 사랑 향기 나는 여인(김양성)/ 긍정적이고 적극적인 삶(박계홍)/ 분위기 메이커(한명임)/ 내 인생의 청사진이었던 님이여!(박경원)/ 아~ 좋은 사람(송우경)/ 내 신앙의 상담자요, 격려자(유인옥)/ 간사님의 말씀은 하나님의 음성(곽화자)/ 언니 같은 스승(민형덕)/ 당신은 우리를 향한 축복이었습니다(우카이, 나오미)/ 팔방미인 내 친구(강선희)/ 하늘에 띄우는 편지(김현숙)/ 우리 아이들이 든든하게 일어서는 아름다운 보고(최근세)

사역의 기본기-기도

기도를 즐기는 신앙

"성령보다 기도보다 앞서지 말라."라는 표어는 내 신앙을 세우는 반석이었다. 이는 내 신앙의 출발이요, 내 삶의 흐름이었다. 기도가 선행되지 않는 부흥은 없다. C.C.C. 사역은 기도의 사역으로 기도의 중요성을 강조하며 무릎으로 하는 사역 현장이다. 이렇게 기도로 이룩한 기적 같은 일들을 들으면서 대학생들이 변화되는 현장을 경험하며 나에게 큰 도전과 기도의 소욕이 생기게 되었다. 기도에 관심을 갖고 있어서 기도생활을 더 체계화하기 위해 대학생활 때 기도에 대한 신앙서적을 많이 읽었는데, 특히 E.M. 바운즈의 「기도 시리즈」는 많은 도움이 되었다.

대학생활 때부터 기도노트를 작성하여 구체적으로 기도하는 훈련을 쌓았다. 현재 눈물과 손때 묻은 기도노트는 10권에 이르며, 기도의 응답을 보면서 얼마나 신실한 하나님이신가를 느끼며 하나님이 손에 잡히는 것 같은 경험을 하게 되었다. 순원들을 만나 교제하면서도 기도제목을 알기 위해서 관심을 갖고 이야기하며, 열려진 우리집을 찾아오는 학생들을 모아 놓고는 늘 기도제목을 적게 했다.

    C.C.C.에 들어와서 처음에는 엉뚱한 기도를 배웠다. 민족 복음화, 세계 선교 등 나와는 너무도 동떨어진 기도를 하였다. 현실감각이 전혀 없었는데 기도를 따라하다 보니 나도 모르게 '민족 복음화의 꿈'이 내 기도제목이 되어 그 이하로는 살 수가 없게 되었다. 이렇게 하여 김준곤 목사님께서 잉태시킨 꿈에도 소원인 민족 복음화의 꿈을 청년들에게 전염시키고 전달하며 살게 되었다. 또한 민족을 살리는 눈물어린 예레미야의 기도 같은 영혼의 스승인 김 목사님의 기도를 배우면서 기도의 지경을 넓혀 갔다.

    데모와 체류탄이 난무했던 1980년대의 캠퍼스 한복판에서 예수님께서 제자들과 함께 자고, 함께 먹고, 함께 기도하신 것처럼 밤을 새워 부둥켜 안고 찬송하며 가슴으로 민족을, 무릎으로 캠퍼스 복음화를 위해 마가의 다락방의 기도처럼 전심으로 부르짖던 내 인생의 황금기 같은 기도의 행전들. 매주 금요일 밤이면 리트릿(철야기도)으로 밤을 살고 새벽을 살며 삶을 나누고 밤새워 기도하며 형제의 아픔을 내 아픔으로 여겨 울면서 짝기도하던 뜨거운 밤 속에서 내 신앙의 기도의 터전은 든든하게 세워져 갔다. 밤을 새워 기도하며 간증하고 찬송하며 밤을 하얗게 밝히는 '한 이불 덮기 운동'의 리트릿은 내 기도의 영성을 깊게 세워 주었다. 신앙을 시작하며 부담스럽던 기도는 너무 자연스럽게 다가왔고 "내 기도하는 그 시간 그때가 가장 즐겁다"라는 찬송이 내 노래가 되었다. 기도를 즐기며 기쁘게 기도할 수 있는 신앙으로 변화되었다.

학과 공부를 하면서 C.C.C. 순장으로 헌신하고 교회 봉사를 해야 하는 나에겐 시간을 질적으로 쓰는 것이 무엇보다 필요하였다. 이를 위해 오전 강의 1시간 전에 캠퍼스 아침기도회로 하루를 열었다. 주님의 지혜를 구하고, 형제 자매들이 큐티로 은혜를 나누며 함께 기도했다. 시간이 늦어서 학교 가는 버스가 빨리 오기를 위해 기도할 때 주님은 신실하게 인도하사 내가 아침기도회를 인도하는데 늦지 않게 하심으로 생활 속에서 기도를 체험하게 하셨다. 이렇게 캠퍼스 아침기도회는 하루를 지혜롭게 사는 데 큰 도움이 되었다.

해마다 연말이면 C.C.C. 금식수련회에 참석했다. 1년 중 먹고 즐기는 가장 좋은 기간에 돌이라도 먹으면 다 소화시킬 수 있는 식욕 왕성한 청년들이 모여 3박 4일 간 교회와 민족과 세계 복음화를 위해 기도하며 생명을 부둥켜안고 믿음의 불꽃을 태우며 야곱의 얍복 강가의 기도, 엘리야의 갈멜산의 기도로 결사적인 기도를 했다. 금식하기 전 100가지 이상의 기도제목을 노트에 적어서 구체적으로 기도했다. 금식 중 육체적으로는 힘들지만 한 해를 기도로 마무리하고 새해를 기도로 여는 거룩한 시간이었다.

금식기도는 무엇으로도 열리지 않는 문을 여는 마스터 키이다. 나는 중이염으로 귀가 들리지 않았는데, 기도 중 치유의 응답을 받고 기도에 대한 확신을 갖게 되었다. 순장들은 새해의 신입생 사역을 생각하고 순에 대한 비전을 품으며 '나에게 이런 순원이 연결되었으면…' 하는 기대감을 갖고 캠퍼스에 순이 누룩처럼, 들풀처럼 퍼져 가는 꿈을 꾼다. 금식 중 힘들고 지친 영혼들을 돌아보며 격려하고 함께 짝기도할 때는 어디에서 그런 힘이 나오는지 너무도 놀랍고 감격스러웠다.

4일 금식 후 처음 먹는 콩나물죽과 동치미 국물의 위력은 너무도 강력하다. 한 그릇을 먹고 나면 언제 힘들었냐는듯 금새 생기가 돈다. 인간이 얼마나 연약한 존재인가를 보며 더욱 하나님을 의지하게 한다.

기도하는 것은 사랑한다는 증거다. 누군가를 사랑한다면 기도하지 않을 수 없다. 캠퍼스에서 순원이 자라가는 모습을 영적 육아일기처럼 적으며 그들을 위해 어미의 심정으로 기도의 눈물을 뿌렸다. 내 눈물을 먹고 자란 나의 순원들, 나를 안타깝게 하고 애태우던 자매들, 엉뚱한 소리 해 대고 내게 거부 반응을 일으키며 돌보고 관심 갖는 것을 부담스러워 하던 그들이기에 더욱 기도가 절실했다. 이제는 나의 동역자로 남아 있는 그들을 보며 흐뭇한 미소를 짓는다. 태신자를 품으며 기도노트에 적어 놓고 매일처럼 기도의 태에서 잉태될 때까지 기도하고, 마음이 열리도록 지속적으로 기도하며 전도의 기회를 잡아 전도했다.

결혼을 앞두고 배우자를 위해 기도하면서 기도제목을 정리했다. 영적인 면, 사회적인 면, 가정 배경 등 모든 기도제목을 정리하고 나니 100여 가지의 기도제목이었다. 결혼 후 점검해 보니 너무도 신실하게 응답하시고 인도하신 하나님을 보며 남편과 함께 웃었다. 그래서 이 기도제목은 대학생들에게 결혼관 강의를 할 때 큰 간증과 도전이 되어 배우자를 위해 기도하게 하는 실제적인 좋은 지침이 되었다. 내 순원들에게 "배우자를 위해 이렇게 기도하라."고 가르치며 도전할 때 그들은 한결같이 웃으면서 "주시옵소서."라는 그들의 표어를 만들어 결혼 기도를 시작했다. 지금은 신실한 형제들을 만나게 된 것이 나를 통해 배운 배우자를 위한 기도 덕택이라고 농담섞인 간증을 한다. 지금도 손때 묻은 이 기도노트는 내 신앙의 보배처럼 소중하다.

꺼지지 않는 기도의 향불되어

　기도의 훈련 속에 내 기도의 무릎은 견고하게 세워져 갔고, 기도는 내 의식의 흐름이 되었다. 기도는 영혼의 호흡이라고 한다. 기도를 쉬는 것은 영혼이 죽는 것이라는 말이다. 기도하지 않을 때 영혼은 질식하는 것이다. 기도하지 않을 때 영혼이 고통하는 것을 느끼지 못하는 것은 영혼에 큰 고장이 난 증거다. 건강한 영이라면 기도를 쉴 때 영혼이 탄식하고 질식할 것 같은 고통이 와야 되는 것이다. 왜냐하면 기도는 영혼의 호흡이기 때문이다.
　육체의 운동도 꾸준하게 해야 건강에 도움이 된다. 쉬지 않고 지속적으로 하는 것이 얼마나 중요한가. 기도도 마찬가지다. 처마의 떨어지는 낙숫물이 바위를 뚫는다. 의미 없는 것 같은 아주 적은 한방울의 물이 이런 위대한 일을 해 내는 것처럼 하루하루 드리는 꾸준한 기도는 기적을 만들어 낸다. 악기도 꾸준하게 연습해야 한다. 그러나 쉬지 않고 지속적으로 하는 것이 얼마나 어려운가? 편히 살고 싶고 '하루쯤 쉬면 어때!' 하는 유혹은 얼마든지 있다. 운동도 쉬었다가 다시 시작하려면 어려운 것처럼 기도하기도 쉽지 않다. 구약에서는 제단의 향불을 끄지 않게 했다. 기도의 향불을 끄면 안 된다는 의미이다. 쉬지 말고 기도하라. 무시로 기도하라. 항상 낙망치 말라. 하나님이신 예수님도 기도의 습관을 좇아 기도했으며 다니엘은 하루 세 번씩 기도했다.

    나는 한결 같은 기도가 능력 있는 기도란 사실을 실감했다. 그러나 새벽기도의 체질로 바꾸기에는 많은 어려움이 따랐다. C.C.C. 사역은 밤늦게까지 이루어져서 새벽을 드리기란 여간 어려운 게 아니었다. 그러나 새벽기도에 대한 열망을 갖고 기도하기 시작하면서 그 시간은 나의 가장 귀한 기도 시간이 되었다. 예배드리고 합심기도를 하고 나면 가족을 위한 기도를 집중해서 드렸다. 가정을 위한 기도제목으로는 남편의 사역과 건강, 비전을 위해서 기도하고, 두 자녀들을 위해서는 태 중에 있을 때부터 무엇보다 주님을 신실하게 믿는 자녀가 되게 해 달라고 기도했다. 우리 가정이 범사에 감사하는 가정으로, C.C.C.지체들에게 크리스천의 모델적인 가정으로 본이 되는 가정생활과 부부관계를 위해 기도하고 나면 1시간 30분이 순식간에 지난다. 모든 성도들은 가고 예배당엔 나 혼자 남아 기도하니 마음껏 기도할 수 있어 더 신이 났다.

    어려운 문제가 있으면 남편과 손을 잡고 짝기도하고 더욱 성령이 충만해지면 부둥켜안고 뜨겁게 기도했다. 어떤 모임에서 남편이 우리 부부는 이렇게 부둥켜안고 기도한다고 설교했더니 어느 장로님 부부는 시험 삼아 부둥켜안고 기도하다가 웃음이 나와 도저희 기도가 안 되어 중단했다고 겸연쩍게 웃으면서 이야기했다. 부부가 함께 손잡고 기도하려면 평상시 성령의 인도를 받지 않으면 너무 힘들다. 가까운 부부사이이지만 손잡고 기도하는 것은 쉬운 일이 아니다. 그렇기 때문에 더욱 깨어서 살아야 하고 막힘이 없어야 기도할 수 있다. 어느 때는 남편과 함께 짝기도 하면서 다윗이 침상을 적시는 기도 같은 간절한 기도로 침상을 적시기도 했다.

　기도하기를 즐기는 내 신앙을 보면서 기도를 요청해 오는 많은 사람들은 가정문제로 부부갈등을 일으키고 나를 찾아와 가슴에 맺힌 한을 풀어낸다. 나를 만나면 마음이 평안해져서 말하기 어렵던 비밀도 내어놓고 싶다는 것이다. 나는 특별한 해결 처방을 내려 주기 보다는 그냥 듣기만 하는데 그들은 힘을 얻고 새롭게 시작한다. 어느 부부는 이혼하기 직전에 와서 함께 기도했는데 지금은 행복하게 살고 있다. 대학생들과 달리 어른들 사역은 부부 갈등이 심각하다. 가정문제가 생기면 그들은 피난처처럼 나를 찾아 기도를 부탁한다. 늘 기도하면서 살고 있는 나를 보며 그들은 나의 한마디가 큰 힘이 된다고 한다.

　이은경 전도사님과 산기도를 다닌 지 한 달쯤 되었다. 전도사님은 5시간씩 기도해도 끝나지 않는다. 나는 함께 기도하면서 영적인 부분을 많이 깨달았고, 영적인 세계가 열리기 시작했다. 기도하면 지속적으로 기도할 수 있는 능력을 얻어 갔다. 전도사님은 함께 산기도하면서 마음을 터놓고 기도할 수 있는 기도의 동지를 만나 나를 너무 좋아하게 되었다고 했다.

　내 주위에는 기도하기를 좋아하는 기도 친구들이 많이 있다. 나는 미주 선교사로 계시는 박정숙 간사님의 능력 있는 기도를 필리핀에서 함께 지낼 때 가까이에서 배웠고, 나에게 살아 있는 기도를 가르쳐 주며 영적인 세계를 열리게 한 이은경 전도사님, 마르지 않는 기도의 샘으로 열정을 소유한 김경옥 집사님은 어려울 때 함께 기도하고, 격려받고, 기도를 가르쳐 준 기도의 스승이요, 기도의 동지들이다.

손때 묻은 기도노트

　일곱 번의 수술과 암투병은 기도하지 않을 수 없도록 나를 몰아넣었다. 투병 가운데 회복을 기다리면서 생명을 걸고 야곱의 얍복 강 기도의 씨름을 시작했다.
　드디어 암이 척추까지 전이되어 자연스럽게 걸을 수도 없게 되어 앉아 있기도 어려운 상황에서 절박한 기도를 했다. 아무리 기도를 좋아하는 신앙이지만 집에서 기도하면 집중하기 어려웠다. 이스라엘 백성들이 가데스바네아에서 금송아지를 만들고 모세를 원망할 때 모세는 장막을 지어 백성들을 일상생활로부터 격리되어 집중하여 기도할 수 있게 기도의 장소를 만들어 주었던 것처럼 매일 기도 시간을 정하고 교회를 찾았다. 앉을 수도 없어 예배실 긴의자에 누워서 기도를 했다. 이처럼 기도의 장소는 중요하다. 세상 소리가 안 들리게 집중할 수 있는 교회에서 기도하는 것이 큰 힘이 되었다. 어떤 때는 '집에서 해야지…' 하는 유혹도 받았다. 그러나 집에서도 할 수는 있지만 집중하기가 어렵다는 것을 많이 느꼈다.
　기도를 하려고 하면 사단은 여러 가지 방법으로 방해를 한다.

기도할 소욕을 없애기도 하지만, 기도에 들어가면 대충 빨리 끝내고 싶어하게 만들기도 한다. 그래서 기도는 노동이고 영적 전쟁이다. 이런 유혹을 물리쳐야 하고 땀 흘려 기도해야 하는 노동이다. 나에게도 기도는 힘든 영역이다. 그렇기 때문에 힘써야 기도할 수 있고 성령의 능력을 힘입어야 한다.

콜택시를 불러서 교회에 나가 예배실 긴 의자에 앉지도 못하고 누워서 기도를 한다. 힘들면 이리 뒤척 저리 뒤척 하면서 기도로 주께 맡겼다. 아무도 없는 거룩한 예배당, 똑바로 누우면 천장에 하나님이 보이는 것 같다. 몇 시간이 흘렀을까? 기도를 하면 할수록 기도가 나를 끌고 간다. 주님과의 신실한 만남이요, 가슴과 가슴으로 대하듯 주님의 심장 고동이 들리는 것 같다. 주님의 세미한 음성이 들려온다. 울다가, 감격하다가 주님을 만나는 기쁨으로 주님을 향한 사랑의 고백이 깊어 갔다. "주님 사랑해요"와 같은 찬송을 하며 눈물 범벅이 된다. 하나님을 너무도 열애했다.

어떤 날은 그래도 조금씩은 걸을 수 있어서 택시를 타고 교회에서 기도할 수 있다는 사실이 너무도 감사했다. 이렇게 매일처럼 시간을 정하여 교회 의자에 누워서 기도를 했다. 투병도 오래 하면 사람들도 멀어진다는데 사람들은 내가 기도하는 시간을 어떻게 알았는지 교회에 나와 함께 기도하고 이야기하며 교제하기를 원했다. 이 당시는 주일예배도 뒷편 긴 의자에 누워서 예배를 드리던 상황이었다. 기도하던 중에 찾아와 교제하기를 원하는 성도들과 나는 누워서 재미나게 이야기를 한다. 이렇게 즐겁게 이야기하는 것을 보면서 그들은 나를 아픈 사람으로 생각하지 못한다. 누워서 그들과 수다를 떨 때도 있었다. 워낙 나는 사람을 좋아해서 투병하는 중에도 기도 시간까지 와서 나를 만나길 원하는 사람들을 거절하지 못했고, 그들은 나를 만나 교제하면 평안하고 기쁘다고 간증했다.

이렇게 교제하고 나면 그 당시는 재미있지만 무언가 허전하다. 기도시간을 뺏겼다는 생각이 들어서 기도하는 의자에 큰 글자로 '김현주 간사 기도 중입니다.' 라는 팻말을 써서 교제하러 오는 사람들로 방해 받지 않도록 하라고 남편이 아이디어를 제안하여 함께 웃었다.

가정에서 투병을 하며 회복을 기다리다 다리는 문어발처럼 흐느적거리고 허리에 통증이 와서 더 이상 걸을 수 없게 되었다. 서둘러 병원에 입원하게 되었다. 기도 속에 기도를 즐기며 살던 나에게 병실은 다른 사람들을 의식하며 기도할 수 없는 답답한 장소였다. 병실에서 소리내어 기도할 수 없어 병원 봉사실을 찾아 허락을 받고 그곳에서 기도했다. 그간 절제된 기도의 소욕이 순식간에 터져 눈물 범벅이 되어 기도하던 중 봉사하는 분이 들어와서 기도를 못하게 했다. 그대로 물러 설 수 없어 다시 조용한 강당을 찾아 침상 채로 남편은 나를 끌고 갔다. 침상 네 귀퉁이를 메어 달아 지붕을 뚫고 내려놓은 중풍병자처럼 하나님께 침상 채 내려놓고 한없이 기도하는데 기도 소리를 듣고 한 분이 들어오셔서 함께 기도하게 되었다. 병원에서 알게 된 기도 동역자와 서로 위로하며 투병하는 데 큰 힘을 얻었다.

병실에는 늘 기도노트가 내 손에 들려 있다. 치료 받는 일 외에는 할 일이 없는 환자. 깨알같이 적어 놓은 기도노트를 누워서 읽으며 중보기도를 했다. 육신적으로는 처절하지만 이렇게 마음은 평안할 수가 없었다. 세상에서는 경험할 수 없는 하나님이 주신 평안이었다. '누가 이 평안을 가져갈 수 있을까? 죽음의 권세를 이겨낸 부활하신 주님의 절대 평안이었다.

병상에 누워서 민족과 C.C.C.와 교회를 위해, 동역자들, 태신자들의 기도제목을 보면서 눈물로 기도했다. 내 병도 심란한데 하나님은 왜 이렇게 중보기도를 시키시는 걸까? 나도 이해할 수가 없었다. 옆에서 간호하는 남편도 이해할 수 없다고 했다. 당신은 이렇게 중병인데 당신 위해 기도하라고 안쓰러운 마음으로 부탁했다.

중보기도노트를 놓고 기도하면서 응답받은 제목들을 전해 듣고 하나씩 표시해 가며 기도를 들으시는 하나님을 눈으로 목도할 수 있어 더 큰 기쁨이 되었다. 기도노트는 손때 묻고 눈물 흘려 수십 번씩 넘기면서 기도하다 보니 넘기는 곳이 헤어져 흐느적거렸다. 언제든지 내 손에는 기도노트가 들려 있어서 시간만 나면 기도하자 담당의사도 회진와서는 "현주 씨 기도하고 있어?" 하실 정도였다.

시간이 지나면서 통증은 심해지고 하반신 마비로 발가락만 움직이게 되었다. 대소변을 받아 내고 아무 것도 할 수 없는 무기력한 존재가 되어 그래도 내가 할 수 있는 것은 다른 사람을 위해 기도할 수 있다는 사실에 큰 격려가 되었다. 어떤 날은 침대에 매달려서, 어떤 날은 바르게 누워서, 또 어떤 날은 엎드려서 드린 중보기도. 무엇보다 태신자를 향한 중보기도는 간절함이 더했다. '마음이 열려서 복음을 받아들이게 하옵소서, 최후의 순간까지 중보기도노트로 기도하다 가게 하소서.' 가 내 기도의 소망이었다.

2

영혼의 못자리 판에서

행복한 포로의 고백

"여보! 세상에서 간사의 삶보다 더 보람된 삶이 있을까?" 가끔씩 남편과 나누는 대화이다. 그리고 지체들에게 나눈 나의 소중한 고백이다. 사전의 모든 형용사를 동원해도 간사를 수식하기엔 부족하다. 근심하는 자 같으나 항상 기뻐하고, 아무 것도 없는 자 같으나 많은 사람을 부요하게 하고 모든 것을 가진 자, 하나님이 주신 꿈을 먹으며 눈에 보이는 보장은 아니어도 마음의 행복을 누리고, 주님의 축복을 복음으로 영혼의 자녀를 키우며 함께 부대끼고 기쁨을 얻고 성장하는 모습 속에 보람을 느끼고 감격하는 삶, 형제들에의 헌신이 최고의 기쁨이 되어 함께 웃고 같이 아파하는 생명의 전달자.

"C.C.C. 간사의 삶은 누가 알아 주지도 않고, 생활비도 모금해야 하기 때문에 주님과의 깊은 열애가 없이는 많은 스트레스가 생길 수 있다. 간사는 전도하고 양육하는 영혼의 농사꾼으로 정글에서 맹수를 잡는 것같이 고독하다."며 김준곤 목사님께서는 C.C.C.

간사의 삶을 이렇게 표현한다.

집에서 간사한다고 할 때 반대하던 식구들은 일정한 봉급이 없이 생활비를 모금하며 살아간다고 하자 "세상에 별나게 벌어 먹고 사는 사람도 있다."고 어처구니가 없다는 표정이었다. '그 분들의 마음으로 어떻게 이해할 수 있을까? 라고 생각해 보면 이해가 간다. 학생 때 내 신앙생활에 반대가 심했던 가족들은 "너를 받아 준 데도 있데?" 하면서 냉냉한 분위기다. 생활비 모금을 위해 아는 사람에게 무거운 입을 열어 요청한 뒤 힘든 발걸음으로 돌아오면서 '과연 내가 해 낼 수 있을까? 라고 자문자답하기를 수십 번 했다. 서울로 간사 훈련을 떠나는 나를 보며 "어떻게 살래?"라고 걱정하시던 엄마의 울먹이는 목소리에 하염 없이 눈물만 났다. 예수님이 누구신지 모르기에, 간사가 뭐하는 사람인지 알지 못하기에 말릴 수밖에 없었던 가족들이지만 염려하는 모습이 더 마음에 걸렸다. 그들은 내게 너무도 소중하고 귀한 분들이다. 지금은 친정이 모두 예수 믿는다. 친정 아버지는 남편에게 성경을 설명해 달라고 관심을 보이신다. 어느날 친정 아버지는 내가 캠퍼스 때 키운 제자, 영순 자매를 결혼 중매 하였는데, 친정 아버지 친구 분의 며느리가 되어서 나의 영향력에 대해 들려 주고, 자매가 얼마나 효도하는지 아버지 친구 분이 자랑하는 며느리가 되어 친정에서도 나를 보는 눈이 놀랍게 달라지게 되었다.

이름 없이 빛도 없이 무명의 전도자의 삶을 자처하여 제자 낳는 제자의 삶을 사는 복음의 막노동꾼, 기도보다 성령보다 앞서지 않는 믿음의 원칙을 가지고 전도하고 훈련해서 사회로, 세계로 파송하는 나룻배, 대학 때 육성하여 키워 세상으로 파송하는 이 사역을 뱃사공처럼 꾸준하게 하는 무명의 사역자. 한국 교회 성장의 한복판에 C.C.C.가 존재했고, 그 힘은 순의 철학이었다. C.C.C.의 가장 중요한 사역 전략은 순이며, 그 순의 현장에 간사들이 있다. 예수님이 열두 제자를 택하여 같이 자고, 같이 먹고, 같이 기도하고 가르치며 그들을 키워 파송하신 것처럼, 간사들은 정글 같은 캠퍼스에 뛰어들어 그들을 전도하고 대학생들과 함께 뒹굴며 기도로 기도를 가르치고, 전도로 전도를 가르치며 영혼을 사랑함으로 영혼 사랑을 가르치며 제자를 돌보고 세워 가는 삶으로 제자로서 어떻게 살아가야 하는지를 가르치는 야전군 사령관이다.

간사들은 신앙의 성숙과 헌신도 뛰어나. 전문적인 분야에서 특출한 능력을 발휘하는 간사들도 많다. 세상에서 내놓으라는 좋은 직장을 버리고 간사로 지원한다. 직장을 버린 것이 아니라 더 좋은 삶을 선택했노라는 당당한 간증은 하나님을 향한 강력한 소명의식을 보게 한다. 개인적으로 어렵게 후원자를 발굴하여 생활하기에 다른 직장에 다니는 사람과 비교할 때 생활이 아니라 생존한다고 말할 정도이지만 재정이 어렵다는 생각을 포기하고 살기에 마음으로는 항상 풍요롭고, 한 달에 재정이 얼마가 들어오는지도 모르고 살아간다. 학생들을 전도하며 가르치기에 오히려 함께 라면 먹고 감사하며 졸업한 형제들이 한번이라도 대접하면 너무 고마워 감사 전화를 꼭 한다.

학생 때 C.C.C.를 하면서 여름수련회에 참석하기를 간사가 되어서 결혼 후 투병하기 전까지 참석하였으며, 두 아이를 둔 엄마이지만 아이들을 시어머니께서 맡아 주셔서 자유롭게 캠퍼스에 나가 전도하고 순모임하며 남편과 함께 똑같이 간사의 사역을 하게 되었다. '한번 간사는 영원한 간사'라는 자부심을 갖고 하나님이 주신 간사의 삶을 누리며 살았다.

법당을 돌면서 예수 대학을 꿈꾸다

1986년 익산C.C.C.로 발령을 받아 2월에 결혼해 신혼의 꿈을 안고 순수함으로 사역을 시작했다. 결혼 후에도 전임간사로 남편과 함께 익산C.C.C.를 담당했다. 당시 C.C.C. 회관은 극장 건물 4층에 전세로 들어서 그곳에서 금요채플, 순모임 등 크고 작은 모임을 했다. 예배를 드리기 위해서는 극장 출입문을 통과하여 현란한 영화 광고 포스터가 붙은 벽을 지나야 하는데 한번 회관에 들어서려면 큰 결단이 필요했다. 그래서 회관을 옮기기로 결정하고 장소를 물색하던 중 우리는 교회 교육관 3층에 세를 들어 사용하게 되었다. 아직 모임이 활성화되지 않은 사역인데다 결혼과 함께 시작한 남편과의 사역이어서 신바람나게 대학생 전도와 순모임 등의 사역을 했다. 그 결과 학생들이 하나 둘 모이며 부흥이 되어가기 시작했다. 그러나 재정적으로 회관 월세를 낼 수 없어 교회에 들어설 때마다 교회 담당 장로님을 피해서 들어서야 하는 아픔도 있었다.

원불교 재단의 원광대학교에 대중 전도집회를 최초로 계획하며 대대적인 홍보를 했다. 학생들도 잘 따라 주어 힘이 되었다. 그러나 전도집회 전 날, 밤새 수고하여 붙여 놓은 홍보물들이 모두다 뜯겨 버린 쓰디쓴 경험을 했다. 그 속에서도 학내 법당을 돌면서 예수 대학이 되기 위해 기도를 한 결과 전도집회에 큰 성공을 거두게 되었다. 그 후 점심시간에 150여 명이 캠퍼스 중앙에 모여 찬양하고 기도하면서 신앙을 키우게 되었다.

원광대 4학년 때 연결된 순원으로 원불교의 세력 속에 파고들어 영혼을 울린 사랑의 순원, 몸은 불편하지만 늘 밝은 얼굴에 긍정적인 성격의 소유자인 순원, 6개월 동안 순의 사랑은 눈빛만 보아도 서로가 통하는 사랑의 학교였다. 결혼하여 얼마 안 된 신혼시절, 라면을 끓여 먹고 신혼방에 함께 리트릿하며 밤을 살고 새벽을 살며 사랑을 나눈 순. 먹고 마시는 것을 구원이 일어날 때의 아름다운 모습으로 비유한 요한계시록 3장 20절처럼 가장 자주 먹고 마시는 자와 친해진다. 함께 먹고, 함께할 때 사랑이 전염되고, 기도하다 찬양하다 함께 자지만 그 하룻밤에 나누는 주제 없는 이야기가 한 달의 교육보다 더 효과가 있었다. 지금도 순에서 나눈 끈끈한 애정으로 연결되어 서로의 영혼 속에 그 사랑이 꿈틀대고 있다. 사랑은 묘약이다. 사랑을 받는 느낌을 갖게 되면 헌신하게 된다. 사랑은 이론이 아니다. 사랑은 사랑을 통해서 배우게 된다. 순모임은 자신이 사랑 받고 있는 존재임을 인식하게 하며, 사랑을 가르치는 학교이며 나누어 주는 사랑방이 되었다.

대학신문사 편집장으로 시국 데모가 한창일 때 100권의 사상서

적을 필독하고 앞장서서 데모하던 한 형제가 변화되어 C.C.C.에 충성하게 되었다. 삭막한 세상에서도 사람냄새 나는 사랑이 있으면 살 맛이 나고, 사람은 사랑을 먹고 살아가는 존재임을 보게 한 사건이었다. 시험 때면 대학 도서관을 찾아 빵과 우유를 주면서 시험을 치느라 지친 형제 자매들에게 격려와 사랑을 나누었던 덩치 큰 체격의 순수한 정태선 형제, 초코파이를 들고 찾아온 사랑이 오래도록 가슴에 남았다.

당시 C.C.C. 지도교수였던 이영애 교수님과 교제하고 친해지기 위해 우리는 구들장에서 연기가 나오는 허술한 기도원에서 순장수련회를 갖고 교수님을 초대했다. 이후 교수님과 교제하면서 마음 편하게 즐겨 찾던 역 근처의 음식 백화점은 오랜 우리들의 사랑의 끈이 되었으며, 교수님은 캠퍼스 사역에 늘 가까이 하여 내게 큰 격려가 되었다. 6개월 교제 후 우리는 필리핀으로 갔지만 꾸준하게 사랑으로 연결된 편지들은 교수님의 사랑이었다. 어려운 일 생기면 우리집을 찾아 어린 나에게 기도 부탁을 하고 조언을 구하던 겸손한 교수님, 그러나 강의를 들은 학생들에 의하면 명강의에 똑순이 교수님으로 알려져 있다.

우리가 살고 있던 아파트 주인이 문제가 생겨서 새벽기도하며 걷던 새벽거리의 찬바람, 그처럼 생생하게 큐티가 살아서 움직일 때가 없을 정도로 남편과 나눈 큐티는 평생에 감사가 되었다. 기도 가운데 아파트 문제가 해결되어 우리는 아파트를 전세 가격으로 사게 되었다. 그러면서 우리는 필리핀으로 신학공부와 선교사로 파송 받았다. 아파트를 당시 C.C.C. 총무인 성래 형제에게 관리하도록 키를 주고 떠났다. 그런데 1988년 올림픽을 하면서 아파트 값이 폭등하기 시작했다. 그때는 힘들고 어려워 전재산인 아파트 전세금마저 잃게 되나 보다 생각했는데, 하나님은 이렇게 인도하셨다.

익산에서 6개월 동안 한 학기 사역을 했지만 6년보다 더 오랜 사역을 한 것처럼 신실한 열매들이 지금도 옆에서 큰 격려가 되고 있다.

성경 한 권 들고 성남C.C.C. 개척

나는 대학 1학년 때 C.C.C.를 통하여 주님을 만났고, 지성의 못자리 판인 대학을 변화시키는 사역자로 부름 받은 이래 설레는 가슴으로 첫 사역을 시작했다. 캠퍼스 복음화를 뜨겁게 부르짖던 1980년대, 최루탄 속에서 학생 데모대들과 대치하며 성남C.C.C.를 개척했다. 그때 순수한 형제들과의 만남 이후로 인생의 노른자위를 주님께 드리며 17년을 한결같이 달려 왔다.

필리핀에서 귀국하여 조국 땅을 밟고 성남이라는 곳에 터를 세웠다. 믿음으로 이곳에 왔고 복음을 전했다. 은혜가 선교원에 간 시간을 이용해 시작한 캠퍼스 사역이 열매를 맺어 갔다. 토요일에는 서울에 살고 있는 사랑하는 대학 후배들인 동시에 나의 동역자이고, 위로자였던 순원들이 어엿한 엄마가 되어 아이들을 업고 와서 함께 기도하며 성경공부를 했다. 시대가 변하고 사람들이 강퍅해도 주님이 예비한 제자들이 곳곳에 있음을 깨닫고 주님만이 이 일을 행하심을 기억하며 행복에 젖었다.

성남은 기존 C.C.C.가 없어서 개척하며 사역을 시작한 곳이라 많은 어려움도 있었지만, C.C.C. 홍보 포스터를 붙이다 만나 전도하여 얻은 신실한 방춘 형제와 직장 생활을 하다가 간호과에 입학해 C.C.C.에서 훈련 받기 위해 야간에서 주간으로 옮긴 정수 자매가 우리의 사역에 큰 기대를 주었다.

방학 중 전도훈련(LTC)에 3명이 참석하여 남편과 함께 전도훈련을 개인교습처럼 실시했는데, 강의를 열심히 녹음하며 훈련에 참여한 제자들의 충성에 격려를 받으며 금식수련회를 준비하였다. 그리고 수련회에 처음으로 5명이 참석하여 내년을 기대하게 되었으며 그들이 전도하여 제자를 가르칠 수 있도록 계속 훈련할 계획을 했다.

개인전도와 C.C.C. 홍보를 통하여 헌신할 형제 자매들을 모으며 내년에 5개 대학에 C.C.C.가 동아리로 등록되어 캠퍼스 복음화에 전념할 수 있도록 기도를 모았다. 아직 C.C.C.회관이 없어서 직장인 성경공부 모임과 철야기도회를 우리집에서 하고 있었는데 예배드릴 회관이 절실하게 필요하여 회관임대료 3천만 원의 재정을 도와줄 분들을 간절히 찾으며 기도했다.

우리집에서 성남C.C.C. 개척사역이 이루어졌다. C.C.C.는 어느 지역에 파송하면 재정적 대책이 없다. 아무도 없는 광야에서 사역을 시작한다. 우리집에서 개척하면서 학생들을 모아 집에서 찬양하고 예배드리고 율동하며 우리 아이들과 함께 그대로 잔다. 모임 중에는 성남에 사는 호산나 규혁 형제(당시 용인C.C.C.)가 헌신해 주어서 율동인도를 했다. 금요 정기예배, 철야기도회로 훈련을 하며 5개 캠퍼스에 복음을 심는 개인전도가 전개되었다.

차츰 모이는 숫자가 늘어나면서 건축업을 하시는 집사님의 사무실을 이용하다가, 교회 중고등부실을 거쳐 형제들의 옷판매 헌신과 수고로 C.C.C. 회관을 마련, 창립예배를 드리게 되었다. 1년 사역의 결과 성남 5개 대학에 C.C.C.가 세워지고 캠퍼스마다 순의 뿌리를 내리게 했다.

추운 겨울이 지나면 얼어붙은 가지에서 새순이 돋기 시작한다. 봄에 순이 난다는 것은 그 나무는 생명이 있다는 증거이다. 생명이 없는 죽은 나무는 순이 나오지 않는다. 순은 가장 연약한 부분이다. 그러나 한 순이 잘려 나갈 때 순은 마디마디 순을 낳는다. 순은 끝이 없이 뻗어나는 영원한 생명력을 지니고 있다. 순은 약한 것 같지만 끈질기게 번질 수 있는 강인한 조직체다. 순은 생명력이 강한 유기체이며 들풀처럼 누룩처럼 퍼져 나가는 전염성으로 순은 또 다른 영혼을 생산해 내는 신령한 모태이다. 이렇게 성남C.C.C.는 연약한 순으로 시작되었다.

성남C.C.C.는 서울에서 통학하는 학생들이 많아 개척하는 데 어려움이 많았다. 성남 캠퍼스에 1990년 성경 한 권 들고 들어가 아무도 없는 척박한 땅에 복음의 씨앗을 뿌리고 심어 오늘날 순이 뿌리를 내리고 무성하게 된 것을 보면 순의 생명이 얼마나 위대한가를 실감한다. 주님의 심장으로 캠퍼스를 돌아다니다 만난 성남의 첫 순 재위 형제, 처음 시작은 참으로 미약한 순 그 자체였다. 애정과 헌신으로 사랑을 쏟으며 말씀을 가르쳤다. 회관이 없어 우리집에서 모임을 하고 성경 말씀에 심취되면서 순이 싹트기 시작했다. 말씀이 너무 좋아서 밤늦게 끝나면 서울 집에까지 가는 지하철이 끊어져 2시간 동안 걸어서 한겨울 찬바람을 맞으며 순원은 집에 갔던 때가 한두 번이 아니었다. 이렇게 순이 자라는 모습은 기쁨과 감격이었고 형제는 영광의 면류관이었다.

어렵게 지하 회관을 얻고, 성남의 각 캠퍼스마다 순이 뻗어가던 중 그 기쁨과 감격이 채 가시기도 전에 큰 홍수를 만났다. 지하 회관이 실내수영장처럼 침수되어 강대상이 둥둥 떠다니는 아픔으로 허탈해 할 때 형제는 자기 가정에 알렸다. 형제의 누나가 통장과 도장을 우편으로 보내 주어서 우리는 큰 위로와 격려를 받을 수 있었다. 하나님의 은혜를 경험하며 오늘날 성남C.C.C.를 만들었다. 첫 순은 겨우 싹으로 미미하게 시작했지만 시간이 흐르자 큰 나무가 되어 오늘 성남 C.C.C.는 많은 새들이 깃들이는 생명력 있는 순이 되었다.

우리가 성남에 올 때는 필리핀에서 4년 동안 생활하다 와서 이미 열대지방에 익숙해진 체질이었는데, 귀국한 그 해 걸프전쟁이 발발하여 오일파동으로 석유를 살 수 없게 되었다. 겨울에도 난방할 수 없는 상황에서 추위에 떨고 있는 우리 가정을 성남에서 교사로 있던 대전 나사렛 이용배 형제는 밤중에 서울까지 나가서 석유를 사와 난방해 주었다. 성남 사역을 생각하면 그 형제의 따뜻한 마음을 결코 잊지 못한다.

순 페스티벌

"순장은 영원한 생명의 수태자, 천하보다 귀한 생명의 수태자로서 숨어 버리는 무한한 생명의 전달자요, 영혼의 어머니임을 명심하고 순원을 키우고 돌보고 사랑하고 가르치고 심방하는 일을 자원하여 맡는다."

1993년 목포대학교 소강당에서 대학의 복음화를 견인하는 순들의 대폭발이 일어나고 있었다. 다름 아닌 목포대학교 개교 이래 처음 순 페스티벌이 열린 것이었다. 만추의 캠퍼스 가로수를 보며 가을의 끝을 못내 아쉬워한다. 하지만 가을 하늘 웃음 속에 주님의 향기를 발하여 기쁘게 생활해 가는 지체들의 열매가 아름답기만 하다. 그 아름다운 모습 중 하나로 순 페스티벌을 열었다. 캠퍼스의 영원한 사랑이야기 순 페스티벌을 통하여 순장에 대한 사랑과 감사로 눈시울을 적시며 도전받는 감격의 시간이었다.

순 페스티벌에 참여한 순은 사랑순, 포도나무순, 여호수아순, 제비순, 마하나임순, 우슬초순, 아가페순 등인데 나올 때마다 순의 계보를 설명하며 자신들의 순의 전통을 자랑했다. 어떤 자매 순장이 혼자서 20여 명의 순원들을 무대 위로 이끌고 나와서 주님께서 이처럼 소중하고 아름다운 자매들을 키워 주셨다고 자랑할 때는 너무나도 큰 도전과 감격이 있었다. 또 어떤 순은 순원 모두가 기타를 들고 나와 마치 기타 전시회를 연상케 할 정도였다. 그들이 주님께 찬양하며 앞으로의 자신의 순이 어떻게 캠퍼스의 비전을 키워 나갈 것인가를 자랑스럽게 이야기하며 기도를 부탁할 때 우리 모두의 가슴은 뜨거워졌다. 순이 순을, 순장이 순원을, 선배가 후배를, 후배가 선배를 이끌어 주고, 세워 주고, 기도해 주고 함께 캠퍼스 십자군으로 대학을 변화시킬 것을 굳게 다짐했다.

이런 순들을 키우기 위해 얼마나 눈물을 흘렸던가? C.C.C.에 들어왔지만 얼마 못 가서 적응도 못하고 힘들어 하던 순원들. 시간을 빼앗긴다고 생각하고, 모르는 사람에게 자기 삶을 나누고 이야기하는 데에 부담감을 갖는 순원들. 이런 영혼들을 붙들고 크리스천으로서 성장해야 함을 강조하며 말씀을 공부하고 순론을 읽으며 순모임의 중요성을 강조했다.

전도훈련을 받으면서 복음에 대하여 뿌리가 내리기 시작하면 행동하는 그리스도인으로 변하게 되는데 나는 삶 속에서 전도가 생활화되어 있어 듣는 대학생들에게 도전이 되었으며 아줌마인 내가 전도하며 생생한 전도의 삶을 사는 것을 통해 그들은 도전을 받았다.

목포대학교에서 사역할 때 3, 4학년 자매모임은 순장들이 많은 모임들로 인해 시간을 내기가 힘들었지만, 너무도 기다렸던 모임이었다. 이 모임은 사랑과 생동감이 있었고, 생수가 터지는 풍성하고 차고 넘치는 모임이었다.

내가 말을 하기 보다는 참여하여 마음을 열게 하고, 결혼을 하고도 평생순장으로서 살아가는 모습에 도전이 되고 힘이 되어 일주일 내내 기다려지는 모임이 되었다. 모임시간에는 기쁨과 감사, 위로의 삶을 나누며 함께 울고 웃으며 보냈다.

대학생들에게 전도훈련, 성경공부, 기도세미나 강의, 내적치유 등 많은 강의를 했지만 듣는 영혼들마다 내 강의에 도전을 받았다. 생활 속에서 길어 올린 전도와 기도응답의 체험을 나누기 때문이었다. 그래서 남편은 말하기를 '되로 배워서 가마니로 풀어 먹는 사람'이라고 격려했다. 이런 수고와 땀을 통하여 캠퍼스의 순은 들풀처럼 퍼져 간다.

간사님의 아가서

낙엽이 집니다
잔잔히 흐르는 음악 속에
진한 커피를 앞에 두고
우리 주님 위해 함께하자고
두 손 꼭 마주 쥐던
그 날이 생각납니다.

어떤 어려움에도
주저 앉지 말자던
우리의 사랑은
고요함 속에서도
폭풍처럼 밀려오는
거대한 시험을
우리는
부둥켜안고

헤쳐 나갔습니다.

주님이 만드신
찬란한 세상 속에서
우리는 얼마나 나약한 존재인지요
부족하고 다듬어지지 않은 단점으로
우리는 아파하고 상처 입었지만
주님의 크신 사랑 안에서
어루만지며
다독거려 줄 수 있는
포용도 배웠습니다.

행복과 환란이 교차하는
생의 한가운데서
우리는 그것이
주님이 변장된 축복임을
또한
깨달았습니다.

하나님이 택하신 자녀의 형상으로
우리 부부가

한몸 되었으니
주님께서 기꺼이
원하시는 모습으로
빚어지기를

주여!
우리 속에 역사하셔서
당신의 뜻을 이루어 가게 하소서
더욱 간절한 사랑과
지치지 않는
용기를 주소서.

당신이 외롭게 사역하며
홀로 엎드려 기도하던
모습이 생각납니다
지체들의 성숙함을 위해
늘 기도하던 당신의
모습도 보았습니다.

당신이 두 손을 모아 무릎 꿇고
간구하는 모습을 보았소

두 눈에 눈물을 흘리며
고요히 머리 숙인
당신의 뒷 모습 속에
진주보다 더 귀한 사랑을 발견했소.

우리에게 스쳐 지나간
날들의 기억 중에서
어느 것 하나
주님의 은혜가 아닌 것이
없었습니다
우리가 처음에 약속했던 것처럼
지금 이 순간
다시 한번 주님 앞에
간구하오니
우리에게 더욱 신실한 믿음 주소서
더욱더 간절한 사랑과
지치지 않는 용기 주시옵소서.

당신을 사랑합니다.
할렐루야!

─최근세, 김현주 간사 부부가 1994년 10월 21일
'시와 찬양의 대향연'에서 낭송했던 아가서

'시와 찬양의 대향연' : 1994년 10월 21일 회관에 멋진 가을을 맞이하기 위해 시와 찬양이 어우러진 작은 음악회가 열렸다. 형제 자매들의 악기 연주와 찬양, 그리고 간사님의 아가서는 메마르기 쉬운 우리 마음에 한 줄기 아름다운 선율이 되어 가을을 만끽하게 하였다.

남편 설교는 신선해요

　내 남편은 평소 과묵하고 생각하기를 좋아하여 책 읽기와 학생들 가르치는 교재를 만드는 데 달란트가 있다. 남편이 데이트할 때는 그래도 대화를 주도해 주더니 결혼하고는 말이 너무 없어 '나를 사랑하지 않나?' 라고 오해하며 답답해 하기까지 했다. 종일 있어도 시키지 않으면 말하지 않고 하고 싶은 말만 한다.
　이런 남편을 이해하는 데는 많은 시간이 걸렸다. 이렇게 조용하고 글쓰기를 좋아하는 남편의 마음은 깨끗하고 청결하다. 옆에서 내가 볼 때도 어찌나 청결하던지 "당신은 어떻게 그렇게 가난한 영혼을 가지고 있어요?" 라고 물은 적이 있다. 그를 처음 만난 사람들도 영혼이 너무 깨끗하다고 한다. 그러나 설교할 때는 다른 사람처럼 보인다. 설교를 듣는 학생들도 많은 은혜와 도전을 받는다. 평소 차분한 성격이지만 가르치고 설교할 때는 온 힘을 쏟아 부어 속옷이 땀에 흥건히 젖는다. 강단에 오르기 전까지 애써서 준비하고 고민하면서 연구하고 내 앞에서 연습하고 교정을 받는 등 전하는 데 헌신의 노력을 다한다.

학생들의 편지에도 메시지에 은혜가 되고 감동된다는 격려가 늘 따라 다닌다. 남편은 설교하는 데 은사가 있다. 교회에서도 설교하면 내가 제일 많이 은혜를 받는다. 남편의 설교를 위해 내가 설교하는 것처럼 기도하고 가슴 태운다. 나도 함께 긴장한다. 평소 말 없는 남편, 조용한 성품의 남편을 아는 성도들은 설교를 듣고 예배가 끝나면 "최목사님 설교는 늘 신선하고 은혜가 넘친다."고 나에게 전한다. 밤중에도 전화해 설교에 은혜 받았다고 격려를 한다. 더욱이나 남편을 알고 있는 사람들은 더 은혜가 된다고 한다. 평소 온화한 성품인데 강단에 오르면 어디서 그렇게 힘이 나는지 나를 놀라게 한다. 그래서 나는 늘 얘기한다. "당신은 설교하는 데 은사가 있어요." 나는 소그룹 모임에 은사가 있는 반면, 남편은 큰 그룹을 가르치고 설교하는 데 달란트가 있음을 자랑스럽게 여기며 우리는 조화를 이루고 있어서 앞으로 내가 전도하면 남편이 잘 가르쳐 좋은 팀워크를 이룰 거라고 자부했다.

어떤 때는 설교와 생활이 달라서 이불 싸들고 강대상에서 살자고 농담도 하지만 나는 남편이 설교할 때 가장 은혜가 된다. 설교가 끝나면 늘 남편을 칭찬하고 다시 은혜를 묵상한다. 또한 남편을 격려하고 마음을 나눈다.

매년 신입생을 대상으로 캠퍼스 전도집회를 할 때 C-man들은 찬양, 연극, 간증 등 각종 발표를 한다. 그 중 불신자 학생들 집회에서 설교하기란 너무 힘이 든다. 그러나 남편의 전도설교를 '모든 프로그램 가운데서도 가장 의미 있는 시간이었다.'고 응답카드에 작성된 것을 여러 번 보면서, 하나님이 주신 은사를 통해 조용하지만 말씀을 전할 땐 반석을 쳐서 부수는 날선 성령의 검이 되어 '하나님의 메신저'가 되기를 기대한다.

끈끈한 애정으로 뭉쳐진 목포C.C.C.

　학원 복음화, 민족 복음화를 꿈꾸며 영혼의 수태자 생명의 전달자로 연한 순(筍)이 태어났다. 천국의 나룻배로 민족을 송두리째 드리기 위해 밤을 살고 새벽을 살며 민족을 꿈에 안고 기도의 무릎에 세계를 품으며 숨가쁘게 달려온 목포C.C.C. 30년!
　목포 C.C.C.는 1964년 제일교회 교육관에서 시작하여 목조 회관을 마련하고, 그 이후 화재의 허탈한 잿덧미 속에 주님의 가슴을 부둥켜안고 다시 일어섰다. 반석을 깨어 기초를 놓으며 피멍 든 형제의 손바닥은 피 묻은 주님의 손이었다. 땀으로 주춧돌을 놓은 끈끈한 형제 사랑의 헌신은 모퉁이 돌이 되었다.
　30년의 역사를 소유한 목포C.C.C.는 전국에서 최초로 회관을 건축하였다. 나사렛형제들의 힘에 겨운 헌신과 주님을 향한 사랑을 보는 듯하며, 이 밀착된 애정으로 서로 섬기고 나누는 헌신의 목포C.C.C.는 어떤 지구보다 주님의 피로 맺어진 형제 자매의 결속을 다짐하며 헌신을 요구해 왔다. 목포C.C.C.는 끈끈한 애정으로 뭉쳐진 특별한 사랑이 깊은 정서 속에 흐르는 전통을 가지고 있다.

경제적으로, 정치적으로 오랫동안 소외되어 한이 응어리로 남아 있는 지역에서 목포 C.C.C.는 눈물겨운 헌신의 손길들이 모여 한옥회관을 건축했으나, 화재로 전소되는 아픔을 겪었다. 그러나 허탈해진 마음을 다시 일으켜 세워 1979년에 전국에서 최초로 C.C.C. 회관을 건축하였다. 이 거룩한 헌신의 결정체인 언덕 위의 하얀집 C.C.C. 회관은 갈릴리 베드로를 수제자로 만든 주님의 훈련센터, 바울의 두란노서원처럼 제자훈련의 산실이었다. 그 당시 형제 자매들의 헌신은 피땀으로 이어져 새벽 신문배달로, 뜨거운 여름 뙤약볕에서 노동일로, 결혼자금을 쪼개어 드렸다. 또한 첫 월급을 받아 회관으로 먼저 달려와 드렸고, 결혼반지를 내놓았으며, 직장에서 퇴직시 받은 금열쇠고리를 드리는 헌신과 전세에 사는 형제들은 월세로 살면서 1년 분의 봉급을 드렸다. 어느 자매는 서울에서 방학 동안 한 달간 가정부로 재정을 모아 드리는 등 옥합을 깨뜨려 향유를 주님의 발에 붓는 여인처럼 많은 이들이 향기로운 헌금을 드려 결국 하나님의 기적을 보게 했다.

이스라엘 백성들이 6년 벌어 7년째는 안식년으로 7년의 생활을 하는 것처럼 목포 C.C.C. 나사렛들이 이런 각오로 선교센터 건축을 위해 세마포에 깊숙이 싸 놓은 옥합을 드리자고 호소하고 있다. 마리아의 옥합은 300데나리온으로 300일의 노동 임금에 해당하는 1년 연봉이므로 연봉을 드려 센터를 짓자는 헌신을 드리고 있다.

누구 한사람 사회적으로 부유한 사람이 없는데 또다시 회관 건축이라는 제 2의 도약을 위해 창립 30주년을 맞아 선교센터 건축을 선포했다. 교회와 지역사회를 품고 인생의 노른자위와 같은 청년 대학생들을 살리는 선교센터가 되기를 소망하며 힘에 겨운 헌금을 모아 420평의 부지를 매입했다. 건축을 준비하였으며 일생일대의 가장 값진 선물을 주님께 드리기 위해 힘에 겹도록 헌금을 모으자고 호소하고, 21C를 향한 비전을 꾸며 기도를 모았다. 이를 통하여 예수님께서 제자들과 같이 먹고, 자며, 기도하고, 가르치신 것처럼 들풀처럼 생명력을 누룩처럼 영향력을 캠퍼스 속에 심기 위해 밤을 새워 부둥켜안고 민족과 세계를 꿈꾸는 제자훈련의 못자리 판이 되기를 소원한다.

또한 바쁜 시간을 쪼개어 귀한 만남을 갖고 있는 어머니 순모임이 있다. 철저하게 숙제와 시험을 치르면서도 매주 목요일을 그리워하며 기다리는 어머니들은 산 간증을 나누는 소중한 동역자임을 느낀다. 매주 목요일은 캠퍼스에서 어머니 순모임 장소로 가야 하기 때문에 저녁 식사를 못하게 되는데, 매주마다 식사를 준비하여 대접하는 어머니들의 섬기는 은혜에 고맙고 죄송스런 마음이다. 계속 어머니 순모임이 장성하여 부부 순모임이 되기를 소망한다. 어머니 순은 그리스도 안에서 어진 남편을 만나 순수하게 신앙생활을 해 나가는 모습을 보여 준 순이다. 매년 11월에 있는 Home Coming Day는 대학생활을 끝내고 전국에 흩어진 목포C.C.C. 나사렛들이 친정에 오는 날인데, 어머니 순의 특송은 후배들에게 잔잔

한 감동과 함께 도전을 주었다.

    이런 사역의 열매를 돌아보며 주님이 함께하시고 사용하신다는 사실에 감격하고 생명을 전하는 나의 사명을 즐거워한다. 내가 투병하는 동안 함께 아파하고 무릎으로 가시밭 길을 함께 살아 준 형제들, 고통을 나누고 함께 기뻐해 주었던 고마운 사람들, 그 많은 병원비를 전국적으로 기도편지를 보내 모금을 해 주고, 기도의 끈을 잡아 주며 병원으로 찾아와 격려하며 견디기 어려운 고난 속에 주저앉고 싶을 때 손을 잡고 놓지 않으며 일으켜 세워 주었던 C.C.C. 지체들. 한 겨울 눈길을 헤치고 병원을 찾아와 위로해 주고 빙판길을 운전하느라 새벽에야 도착했던 수고의 감사, 병원에서 퇴원하면 집에 찾아와 퇴원 감사예배와 밤을 세워 기도의 눈물을 심어 준 소중한 사람들의 애정은 너무도 끈끈했다. 이들의 사랑이 있었기에 외롭지 않게 투병하며 감사할 수 있다. 이들 모두는 소중한 감사제목이며 생명 같은 간증이다.

순론의 제자화 훈련을 교회에서

　김준곤 목사님의 순론은 내 사역의 철학이자 나의 교과서이다. 난 C.C.C.에서 4영리 전도훈련, 순모임, 순장훈련 등으로 영향을 받아 변화되었다. 순(筍)은 연약하지만 생명력이 있다. 생명력이 강한 유기체로 전염성이 강한 누룩이다. 이 생명력은 예수의 생명력이다.
　순장은 생명의 수태자요, 전달자이며, 영적 어미이다. 나는 C.C.C.에서 변화받고 나를 통해 순론의 원리를 적용하며 대학생 순원을 가르치며 변화되는 감격을 경험하면서 교회에도 순론의 제자화사역이 뿌리내리는 것을 보고 싶었고, 효과적인 사역임을 증명하고 싶었다. 내가 학생 때 배운 방법대로 4영리로 전도하고, 또 육성하자 열매가 교회에서 눈에 띄게 드러났다. 이렇게 모아지는 교회 사역을 보며 내린 나의 결론은 4영리 전도와 순모임, 제자훈련이 교회성장에 도움을 준다는 사실이었고, 그것을 내 경험으로 보게 되어 감사했다.
　내가 섬기는 빛과소금교회는 제자화사역에 우선순위를 두어 순모임, 순장이라는 명칭을 그대로 사용하며 나를 교회에서도 간사로 호칭했다. 구역 예배인 다락방 순모임도 내가 배운대로 순장으로의 영적 어미의 역할을 하고 한 영혼 붙들고 키우는 어려움도 있지만, 그렇게도 거칠은 영혼들이 변화되는 모습을 보면 재미가 있었다. 점검 목록을 만들어 기도제목을 알아내어 계속 기도하고 모임 전에 전화하고, 숙제, 큐티점검, 선물하고, 교제하고, 편지쓰며 한 영혼을 붙들고 씨름한다. 순론을 함께 읽고 공부하면서 순론의 원리를 이해시키고 필독서를 택하여 순장으로 설 수 있도록 영적 자질을 준비시켰다.

교회에서 순장으로 섬기면서 C.C.C.에서 배운 대로 순론의 원리를 적용하려고 많은 노력을 하였다. 순장지침의 "순장은 어머니가 되고 작은 목자가 되는 것이다.", "순장은 지도하는 것이 아니라 동참하고 간증하는 자세가 좋고 아는 척 하지 말고 형제의 발을 씻어라."는 지침을 늘 생각하며 순원들을 돌보며 실천했다. 순모임도 늘 나눔식으로 하였는데, 자신의 마음도 열기 어려워하는 순원들이 내가 먼저 남편과의 어려움과 가정 문제 등을 나누는 것을 보며 서서히 마음을 열기 시작했다. 내가 인도한 순은 특별한 순으로 세상에서 지식층인 교수 아내, 의사 아내들로 묶여진 순이었는데 자기 주장이 확실한 그 분들이 순한 양처럼 변화되는 것을 보며 나도 놀랐다. 내가 속마음을 드러내자 벽이 무너지고 나를 너무 좋아하게 되었다. 내가 생각해도 좋아할 만한 매력이 없는데 주님은 나를 사용하셨다. 나의 한마디에 쏙 빨려 들어가는 모습에 그들도 놀랐고, 그렇게 까다로운 사람들이 성숙하여 순장이 되었다. C.C.C.에서 배운 훈련이 교회도 성장할 수 있다는 것을 몸으로 체험하게 했다.

교회 제자훈련에서 여자 제자훈련을 지도하게 되었다. 순장으로 훈련생들을 친구처럼 가까이에서 대하지만, 잘못할 때에는 철저함이 요구되었다. 그러던 중 몸이 아파 제자훈련을 하는데 힘이 들었다. 내가 교회에 나갈 수 없게 되자 우리집으로 와서 훈련을 하다가 드디어 병원에 입원하여 계속할 수 없게 되었다. 그러나 관심은 그들에게 갔다. 병원에서 아침에 교회 제자훈련반을 위해 기도하고, 또 그들을 계속 양육하기 위해 편지쓰고 싶은 마음이 들어 제자반 담당 집사님에게 편지를 보냈다. 나와 함께 깨어지고 주님을 위해 살기 원하는 제자반들을 위해 기도하면서 삶을 나누는 시간에는 누구에게도 마음을 열지 않고 꼭꼭 닫혀진 마음으로 자신을 완전히 닫고 살아가는 제자반 훈련생들이 마음에 걸렸다. 이런 자세로 인해 모든 주위 사람들이 그들을 떠나 함께하려고 하지 않았다. 얼마나 불쌍한가? 주의 능력을 의지하며 하나님이 변화시켜 주실 것을 간절히 기도했다.

제자화사역반을 인도하다 입원하여 늘 마음에 걸렸다. 건강이 회복되면 인도했던 제자반을 끝까지 수료할 수 있도록 기도했으나 결코 마치지 못함이 너무도 가슴 아팠다. 어느 날 수료식에 훈련생이 간사님과 함께하지 못해서 서운하다고 병원으로 전화하자 마음이 서글프기도 했다. 건강해서 꼭 마지막까지 하고 싶었는데 아쉬움이 남았다. 그들이 제자훈련을 수료한 후 훈련받았을 때 격려와 도전의 말을 늘 기억하며 생각해 주어 큰 기쁨이 되었다.

평안을 느끼고 있었다. 전쟁터로 가는 한 병사가 자신의 주머니의 꽃씨를 꼭 안고 가서 전사했을 때 전사한 그 자리에는 봄철에 꽃무리가 되어 피어났다던 이야기와 같이 주님을 사랑하고 복음을 전했던 한 인간의 죽음에서 사랑의 한계점은 어디까지인지를 다시 느껴보게 된다.

3

생활 속에서 튀어 나온 복음

사랑의 향기, 온 세상에 퍼져

　하나님의 사랑을 거저 받은 우리가 복음을 입으로만 전하는 것이 아니라 그리스도의 사랑을 몸으로 전하고 사랑의 실천도 더불어 행하고자 무료급식을 운영하게 되었다. 무의탁 노인들과 점심을 거르는 노인들에게 토요일 점심 한 끼라도 대접해 드리며 위로하고 각박한 세상 속에서 학생들로 하여금 노인들을 공경하는 교육 현장을 만들고자 운동을 시작했다.

　계획과 취지는 좋았지만 어디서부터 어떻게 시작해야 할지 모르는 우리들, 그러나 좋은 비전을 가진 우리의 소망을 아신 주님께서는 길을 열어 주셨다. 우선 자금 마련을 위해 '일일찻집'을 준비하고 티켓을 한장 한장을 팔아 삼백만 원의 기금을 마련하였다. 한편으로는 100여 명의 형제들이 목포 일대에서 모금활동을 시작하였다.

　재정을 마련한 우리들은 어느 장소가 좋을지 몰라 망설였다. 목포역, 하당, 문화회관, 유달산 등 여러 곳을 생각해 보아도 모여서 식사할 목포의 중심 장소가 없었다. 여러 날이 지난 후 나와 송우경 간사는 시청 사회복지회관을 찾았고, 그들에게 우리의 좋은 취지를 말씀드렸더니 매우 기뻐하시면서 이곳 저곳을 알아보고 난 후 상리복지회관을 소개해 주셨다. 주위엔 대부분 국가의 보조 없이 어렵게 사시는 노인 분들이 250분이나 계셨다.

송우경 간사와 상리복지회관에 찾아가서 우리의 취지를 말씀드리면서 사랑의 무료급식소는 시작되었다. 사랑의 손길로 마련한 재정 중 백만 원을 투자하여 필요한 물품들, 그릇, 소쿠리, 대형 솥, 가스버너 등을 구입하여 그곳에 모여 드는 불쌍한 분들을 대접하기 시작했다. 토요일 점심 한 끼이지만 정성스럽게 마련한 학생들의 손길에 사랑을 담아서 대접했다. 처음에는 60분 정도 오시더니 지금은 100~150명 정도 오셔서 드시고 가신다. 1994년 4월부터 시작해 지금까지 2,000여 명 자원봉사 학생들이 9,000명 분의 식사를 대접하였다.

토요일마다 캠퍼스별로 돌아가면서 수고하는 그 수고로움이 어찌 그리 아름다운지 무료급식을 사랑으로 전담해 준 송우경 간사, 무료급식 순장 선진오, 신용해 형제와 김주영, 박미영, 이소영 자매, 도와주신 모든 형제, 자매들의 수고로움이 어우러져 아름다운 그리스도의 사랑이 번져가고 있다. 방학 중 수련회와 단기선교로 바쁠 때엔 학생들을 대신해서 수고해 주신 빛과소금교회의 사랑도 우리는 잊지 못할 것이다. 그 밖에 친히 찾아 주셔서 위로해 주시던 목포제일교회, 유달교회, 호남교회, 서남순복음교회와 문태고등학교, 영흥중학교 학생들의 사랑이 이곳에 담겨 그리스도의 향기로 퍼져가며 어려운 노인들의 가슴속에 따스함으로 파고 들어감을 보았다.

처음에는 '부족한 내가 과연 얼마나 잘 해 나갈 수 있을까?' 하는 생각과 꼭 잘해야 한다는 부담감 때문에 약간의 스트레스를 받기도 했었다. 그러나 언제나 그렇듯 연약해진 나의 마음을 아신 하나님은 함께 동역할 지체들을 모아 주셨고 담대한 마음을 주셨다. 있는 모습 그대로 최선을 다해 드리는 순수함을 하나님께서 원하시는 것을 깨닫고 충성스럽게 시작할 수 있었다.

시작 첫날, 국수가 덜 익어서 다시 끓이던 일, 너무 오래 끓여서 면발이 퉁퉁 불었던 일, 국물 간 맞추는 것조차 얼마나 서툴었던지. 그러나 지금은 일류 식당의 주방장 못지 않은 자타가 공인(?)하는 실력이 되었다. 한꺼번에 150여 명의 할아버지 할머니께서 오시기 때문에 분주해서 한 여름처럼 땀이 나지만 할아버지 할머님을 기쁨으로 대접하는 지체들의 수고와 맛있게 식사하는 그 분들의 미소를 보며 보람을 느낀다.

C.C.C. 학생들이 일일찻집을 하고, 가두 모금 캠페인을 하여 모은 사랑의 무료급식 운영비. 어렵게 모은 비록 적은 돈이지만 이렇게 많은 사랑을 나눌 수 있다는 것이 감사하기만 하다. 더 많은 분들께 우리의 마음을 전하지 못하는 것이 안타깝기만 하다. 매번 봉사하는 학생들의 손을 꼭 잡으시며 "아이구, 고맙구만! 우리 손주들, 공부 열심히 해서 훌륭한 사람들 되거라!" 하며 등을 쓰다듬어

주시는 할아버지 할머니, 더욱 사랑하는 마음으로 섬기고 싶다. 목포C.C.C. 사랑의 무료급식을 통해 소외당하는 외로운 할아버지 할머니 가슴 안에 사랑과 복음이 심어지며 모든 분들이 주님을 영접할 수 있기를 기도한다.

너무도 고마워하시던 분들, 그리고 맛있게 드셔 주시는 그 분들을 뵐 때 진실로 기쁨이 넘친다. 와서 돈을 주시며 수고한다고 맛있는 거 사먹으라고 하시는 분도 있고, 너무 수고한다며 말로 위로해 주시는 분들도 있다. 이런 분들을 뵐 때 참 기쁨이 넘친다.

그리스도의 사랑은 어느 곳에서나 꽃을 피우고 넘쳐 흘러 사람들의 가슴을 훈훈하게 하며 삭막한 세상 속에 지면을 적시는 이슬비처럼 우리들의 가슴속에, 그리고 어려운 그 분들의 가슴속에 함께 어우러져 깊은 향기를 발할 것이다.

천사표 아줌마

우리 식구가 사는 아파트에서 전도를 하기 위해 나는 누구에게든지 먼저 인사를 한다. 아파트 문화는 덕이 되지 못하면 살아갈수록 관계가 어렵고 불편하다. 단점들이 쉽게 드러나고 입을 통하여 소문이 쉽게 퍼진다. 그런 반면에 관계를 잘 맺으면 복음을 전하는 데 매우 유익하다. 그래서 나는 누구를 만나든 먼저 인사를 했다. 자칫하면 엘리베이터의 분위기는 어색한 만남이 될 수 있는데, 먼저 이야기를 하고 웃는 얼굴로 대하면서 서로를 알아 갔다. 아이들이 타면 부모 앞에서 칭찬을 해 주었다. "애기 참 이쁘네요." 자녀를 칭찬하는 사람 앞에서는 어느 부모든지 호감을 갖기 마련이다. 이렇게 누가 어디에 살며 몇 호에 사는지, 교회 다니는지 등의 정보를 입수하고 가족의 상황도 파악했다.

크리스천의 표정은 예수 그리스도의 얼굴이다. 그들을 위해 편안한 모습을 지으며 친근하게 대했다. 복음을 위하여 웃는 얼굴을 연습하여 호감을 갖게 했다.

어느덧 우리 아파트에서 나는 '천사표 아줌마'라는 별명을 얻었다. 편안하게 대해 주니 그들도 가까이 대하기 시작했다. 웃어 주는 것은 힘든 일이 아니다. 웃으면 나도 좋고 상대도 함께 좋다. 그들에게 좋은 감정을 갖게 하여 나에게 관심을 갖게 했다. 이것은 복음을 전하기 위함이었다.

복음 전할 기회를 위해 반상회도 의지적으로 참여하고 우리집에서 열기도 했다. 좋은 관계가 되고 있는 집에서 열면 더 많이 참여한다. 우리집에서 열릴 때는 믿지 않는 이들과도 화합하는 은사를 주셔서 늦게까지 교제하며 잘 어울릴 수 있게 되었다. 그들을 변화시키기 위해 소금이 녹아 들어가는 진리를 터득하였다. 아이들 학교 청소에도 자발적으로 참여하여 학부모들과 관계를 형성해 가고 운동회 날에도 참여하여 복음의 접촉점을 만들어 사람들과의 관계를 넓혀 갔다. 특별히 전도왕들의 책을 읽으며 메모해 둔 것이 불신자들과 관계하는 데에 좋은 지침이 되었다.

딸 아이 또래의 아이들을 모아 영어공부를 시켜 주면서 그 부모들과 가까이 하며 복음으로 접촉하고 직간접적으로 복음 전할 기회를 만들어 가며 복음으로 관심의 초점을 만들어 갔다. 때로는 선물로 환심을 유발시키기도 하고, 편지로 복음을 전하기도 하면서 관계를 맺으며 전도하여 아파트 성경공부를 만들었다.

함께 사는 아파트 사람들은 내 기도의 태 속에서 하나 둘씩 변화되어 갔다. 불신자들에게 호감을 갖게 하는 크리스쳔의 생활은 제 2의 성경처럼 복음 전하는 데 좋은 접촉점이 되어 영혼의 열매를 맺는 결과를 얻게 된다.

　많은 사람과 좋은 관계를 갖으라. 전도된 경우는 80퍼센트가 관계를 통하여 연결된다는 통계가 있다. 나도 이런 관계를 위해 많은 노력을 하고, 복음을 위해 투자를 한다.

누워서 인도한 순모임

전주C.C.C.에서 만들어진 나오미 순모임은 내가 대학시절 만든 순으로 나의 어린 시절 가까이 따르던 이들과 도전을 함께 나눈 가장 애정이 가는 순모임이다. 대학 시절 함께 비전을 키우고 삶을 나누며, 또한 격려를 받았던 순이다.

신입생 등록 때 만난 미라, 영순, 숙자, 동옥이가 「믿음의 여인들」 교재를 가지고 삼례 사랑방과 커피숍에서 모여 순모임하던 때를 그리워한다. 그 시간은 성경 속의 믿음의 여인들의 삶을 배우며 도전을 주고, 믿음의 여인으로 서기 위한 덕을 가르치며 함께 세움을 받은 시간으로 그들은 순원이면서 믿음의 동역자이고 평생동지였다. 주말에는 밤을 세워 성경공부하다 기도하다 한 이불을 덮고 자면서 삶을 나눴다. 그런데 그 하루 리트릿은 한 달 공부한 것보다 더 큰 영향력을 주었다. 그래서 우리는 '한 이불 덮기운동'을 강조했다. 그들은 나를 '오마니'라고 부르며 어렵고 힘들 때 제일 먼저 나를 만나고 싶다고 했다. 결혼을 위해 교제 하면서 재미난 사랑 이야기도 해 주고, 실연당했다는 아픈 소식도 전하는 늘 할 말이 많고 마음으로 통하는 순원들이다. 지금은 모두 결혼하여 교회의 신실한 일꾼으로, 선교사로 신앙의 빛깔을 영롱하게 발하고 있다. 내가 성남에서 사역할 때 그들은 졸업하고 서울에서 살았는데 대학 때의 꿈을 잃지 않고 아이를 업고 성남까지 와서 순모임을 할 정도로 애정이 특별했다.

목포C.C.C.에서 연결된 나오미순은 목포과학대 88학번 10명의 자매 평생순으로 "고운 것도 거짓되고 아름다운 것도 헛되나 오직 여호와를 경외하는 여자는 칭찬을 받을 것이라."(잠 31:30)는 말씀을 목표로 묶어진 순이다. 졸업하여 각지에 흩어져 살지만 매달 한 번씩 정기적으로 만나 나와 순모임을 했다. 한 번 만나는 순모임에는 늘 기대감이 있었다. 생활 중의 문제를 상담하며 중보기도로 서로에게 힘을 주었다. 가정을 이룬 순원들에게는 비전을 잃지 않게 하고, 가정생활 세미나를 통해 가정 생활에 도전을 주었다. 그러자 변화된 아내들의 모습을 보며 남편들도 적극적으로 순모임을 인정하게 되었고, 순모임 때는 남편들이 집에서 아이들을 돌보아 주고 특별한 때는 부부가 함께 모이기도 했다. 늘 순모임은 풍성한 나눔이 있었고, 만나도 또 만나고 싶은 순모임이었다. 여러 지역에 흩어져 살기에 목포로, 광주로, 서울로 돌아가면서 순모임을 하지만 우선순위를 두고 모이는 살아 있는 모임이었다. 나오미순은 C.C.C.에 대한 변함없는 사랑과 헌신으로 C.C.C. 행사인 Home Coming Day에 모범순으로 표창을 받기도 하였다.

미용실을 경영하는 분의 소개를 받아 전도하며 연결된 고미순 자매. 전도하기 위해 머리 손질하러 일부러 들르고 정성을 쏟으며 전도했지만 육성하기에는 더욱 헌신이 요구되었다. 사람이란 관심을 쓰고 챙겨 주면 누구든 그 마음을 이해해 준다. 그러나 쉬운 일이 아니다.

허리 디스크 수술 후, 매일 전화로 격려하고 선물도 보내자 내 열정에 관심을 보였다. 같이 아픈 몸이니 동병상련이다. 남편이 차로 데려다 주면 허리 아픈 자매에게 나는 누워서 순모임을 인도했다. 나도 허리가 아파 앉아 있을 수 없지만 순모임은 쉴 수 없어 나에게 맡겨진 순원을 향해 최선을 다했다. 이런 의무감도 있지만 누워서 순모임을 인도하며 이런 저런 이야기를 하다 보면 서로 아픔도 잊고 시간가는 줄 모르고 격려가 되었다. 나는 이렇게 한 영혼씩 붙들고 씨름하며 키우는 순모임이 재미있다. 그리고 성숙해가는 보람도 느낀다. 사람 하나가 자라나는 것을 볼 때 고통도 있지만, 전도하고 양육하는 일이 나의 기쁨이요, 사명이다.

담임 목사님께서 인도하시던 구역 다락방을 인계 받아 집사님 댁에서 첫모임을 하고 인사를 나누었는데 순원(구역원)의 대부분이 의사, 교수 부인들로 이루어졌다는 점이 특이했다. 순원들의 나이가 나와 비슷하거나 더 많았는데 모두 전폭적으로 나를 믿고 따랐다. 다들 개성이 독특하고 자기 목소리가 강한 분들이었는데 나의 구심력 안에서 조화롭게 예배가 진행되었다. 솔직하게 자신을 내놓고 있는 그대로 표현할 수 있도록 분위기를 이끌어 주었기에 오히려 나눔을 통해 더욱 재미있고 은혜가 넘친 예배가 되었다.

한번은 교회에서 다락방 순별 찬양경연대회를 하는데 부채춤을 추자고 하였다. 처음에는 자신의 의견이 분명한 분들이 당황해 하더니 모두들 순한 양처럼 즐거워하며 잘 따르는 것이다. 결국 쟁쟁한 경쟁자들을 물리치고 1등의 기쁨을 맛보았다. 해마다 순별 찬양경연대회 때면 톡톡 튀는 새로운 아이디어로 순원들을 참여시키고 교회에 친밀하게 만들어서 교회활동에 어울리게 하였다.

나는 순종하는 지도력을 심어 주면서 순장으로 설 수 있도록 격려한다. 순모임 때마다 순장에 대한 동기부여를 하고 교회의 제자훈련을 받도록 추천하여 교육을 받게 하였다. 이제는 대부분이 순장으로 순모임을 인도하게 되어 내 기도와 비전이 이루어졌다.

전도하는 것이 그렇게 재미있다

대학에 들어와 예수 그리스도를 인격적으로 만나 4영리 전도훈련을 받고 신앙이 성숙되어 갔다. 전도한다는 생각은 꿈에도 하지 못했던 나는 전도훈련을 받고 영혼에 대한 갈망이 생기기 시작했다. 4영리를 들고 캠퍼스를 돌며 추수할 곡식은 많은데 일꾼이 적어 애타게 부르시는 주님의 심정을 느꼈다.

전도하는 것이 쉬운 일은 아니지만 전도를 통해서 전도를 배우게 되었다. 처음엔 사람을 만나는 것에 대한 두려움도 있고, 어떻게 말을 열까 등 복음을 거부하는 사람에 대한 부담이 누구에게나 있듯이 나도 있었다. 이런 어려움에 대처하는 것도 영혼에 대한 사랑과 전도훈련을 받고 실천함을 통해서 숙달되어 갔다. 캠퍼스에서 전도하면서 4영리 전도훈련은 너무 도움이 되었다. 말문을 열어 주고, 각기 다른 사람들의 반응에 대하여 적절하게 대처할 수 있게 해 주었다. 그러나 무엇보다 영혼에 대한 깊은 사랑을 주님의 마음으로 갖는 것이 필요했다.

한 영혼의 소중함을 인식하며 영혼 낳는 일에 나의 생애 최고의 목적을 두며 살았다. 전도훈련을 받고 흩어져 추수하게 된 영적 긴박감으로 주님 오시는 발자국 소리를 들으며 영영 문이 닫히기 전에 복음을 전하는 비상 시기임을 실천하는 삶으로 어디를 가든지 생명 전하는 의식으로 살게 되었다. 하나님은 나에게 영혼에 대한 깊은 갈망을 주시고 사람을 끄는 매력을 주셔서 사람들이 나를 좋아하고 나와 함께하기를 원하도록 해 주셨다. 워낙 사람을 좋아하고 사람과의 관계 속에 살기를 원하지만, 나에게는 사람이 따를 만한 매력이 없는데도 사람들은 나를 따랐고, 나를 대하면 편안하다고 했다.

또한 나에게 사람을 보는 깊은 통찰력을 주셔서 전도하는데 그 사람의 마음을 어느 정도 읽었다. 이것은 전도하는데 큰 도움이 되었다. 국내에서 뿐 아니라 필리핀 선교사 생활에서도 현지인들이 나에 대한 포근한 마음을 느끼고 다가와서 고백하는 것을 보며 하나님이 주신 은사임을 확인했다.

전도를 하다 보면 전도하기 어려운 사람들이 있곤 한다. 그럴 때마다 무조건 내게 걸리기만 하면 확실하다고 내 가까이 있는 크리스천들은 믿고 있다. 이와 같은 경우로 만나게 되어 하나님을 영접한 상선 자매가 있다. 상선 자매는 한 아파트에 사는 분이 나에게 전도하라고 연결해 주셔서 전도한 자매였다. 처음에는 거부하고 찾아오는 것을 무척이나 싫어하며 반항하더니, 부부가 예수님을 믿고 믿음의 동역자가 되었다. 그리고 나에게 승용차까지 선물할 정도로 신실한 아름다운 신앙의 부부가 되었다.

　이들 부부뿐만 아니라 어느 권사님의 소개로 전도하게 된 소은숙 자매는 가정의 많은 핍박 속에서 4영리 전도를 통해 영접하였다. 병원에 있을 때 하루도 거르지 않고 전화로 안부를 묻고 기도해 준 고마운 제자가 되었다. 어느 날은 미용실 자매의 소개를 받아 고미순 자매를 전도하기 위해 몇 달 동안 태신자로 기도하고, 나뿐 아니라 딸까지 미용실을 이용하게 하였다. 관계를 맺고 정성을 쏟으며 4영리로 그리스도를 전하여 순모임을 하게 되었는데, 그녀는 지금 하나님의 열매로 익어가고 있다.

　쉽게 전도된 것 같지만 평상시 하는 말로 전도는 "간, 쓸개를 다 빼놓지 않고는 안 된다."는 것이 나의 결론이며 C.C.C.의 4영리 전도비결이 영혼을 살리고 교회를 부흥시키는 열쇠임을 확신한다. 나에게 전도의 열매가 많은 이유는 나에게 걸리기만 하면 전도가 된다며 다른 분들이 연결시켜 준 경우가 많고 C.C.C. 출신들이 다른 지역에서 이사올 경우 우리에게 연결되어 교회에 함께 참석하는 경우가 많기 때문이다.

　성남 C.C.C.를 개척할 때는 5살된 딸을 데리고 다니며 성남의 한 캠퍼스에서 전도하였다. 또한 병원에 입원했을 때에는 같은 병실에 새로운 환자들이 들어오면 나의 전도대상자로 놓고 기도하며 관계를 맺은 뒤 전도하였다. 전도란 건강할 때만 하는 것이 아니라 불편할 때도 하는 것임을 항상 생각하고 허리에 통증이 와서 앉아 있을 수 없을 때에도 침대에서 옆으로 누워 환자들에게 4영리를 전하였다. 잠시 병원에서 퇴원하여 집에 있을 때는 바로 걸을 수 없어서 밖에 나가지 못하므로 전화를 침대 위에 놓고 전화로 전도를 했다. 남편은 힘드니 쉬라고 하면 나는 전도가 너무 재미있다고 대답했다.

복음은 어느 상황이든지 중단될 수가 없다. 바울이 감옥에서 사슬에 매여 있었지만 복음까지 매이지는 못하여 복음의 큰 진보를 가져왔던 것처럼, 내 몸은 움직일 수 없이 어렵지만 그 상황마다 나에게 복음에 대한 열망을 더해 주셨다. 병원에서 회복하지 못할 수도 있다는 생각이 들었을 때, 그간의 태신자들 30여 명에게 유언처럼 전도 편지를 보내어 주님을 영접하도록 권하였다.

전도는 주님이 나에게 주신 사명이요, 기쁨이다. 내가 전한 수많은 사람들이 주님의 열매가 되어 있는 것을 보며 생명의 면류관처럼 나의 기쁨이요, 큰 보람이 된다.

하나님은 나만 편애합니까?

　병원에서 독한 항암제와 방사선 치료 후 뼈만 남았다. 항암제 투여로 배설물까지 토하는 고통으로 인해 너무 말라 둥둥 떠다니는 것만 같았다. 병원에서 투병 중 일시 퇴원하여 집에서 몸관리와 식이요법을 하면서 온갖 약을 먹었다. 몸에 좋다고 추천하는 약들은 왜 그리도 많은지, 결국 체력이 저하되어 녹즙, 생식과 산책 등으로 체력을 보완하고 면역 주사를 계속 맞았다. 무엇보다 동역자들의 기도와 돕는 사랑의 손길에 감동되어 눈물겹다.

　긴 시간 동안 함께 사랑으로 다가 오는 동역자들의 큰 격려로 힘을 얻었다. 격려해 주시는 한분 한분이 너무도 소중한 사랑의 천사들이다. 돌아보면 주님 때문에 많은 사랑의 큰 부담감이 마음을 무겁게 한다.

　주님 주시는 사랑이 너무 감사하다. 찾아와서 말없이 잡아 주는 따뜻한 손길, 병원에 하루도 거르지 않고 전화를 걸어 격려하는 순원 소은숙 자매, 기도와 눈물로 함께 애태운 사랑, 자신의 생명처럼 밤새워 매달린 기도의 고마움, 24시간 열려 있어 마음껏 기도할 수 있었던 전주 안디옥교회 기도실, 입원시 병원비 모두를 목포 나사렛들이 책임지시겠다고 나선 김양성 교장선생님의 고마운 마음과 엄청난 치료비를 도와주신 동역자들의 손길, 그리고 박계홍 형제의 과분한 후원, 수혈받아야 할 상황에 팔을 걷어붙이고 헌혈증 모아 온 200여 명의 형제 자매들과 48명의 긴급 헌혈자들, 헌혈할 자원자가 부족해 염치없이 전화기를 들었다놓았다 하면서 떨리는 목소리로 부탁했을 때 까다로운 혈소판 헌혈을 세 번씩이나 흔쾌히 해 준 김문곤, 양성관 형제의 생명을 나눈 사랑, 좋다는 한약을 보내 주시고 더 기뻐하시는 양영자 권사님의 깊은 애정, 엘리야의 까마귀처럼 매일 회복에 좋다는 음식으로 격려하신 윤행실 권사님, 매주 목요일엔 우리집을 찾아와 생명줄 잡고 뜨겁고 간절한 눈물을 쏟아 주시던 기도의 동역자 송태후 장로님 부부, 나를 위해 특별 새벽기도회를 열어 함께 무릎을 모아 주신 빛과소금교회 조현용 목사님, 나에게 차도가 있다는 소식이 들려오면 자신의 일처럼 박수를 치며 좋아해 주신 성도들, 호남교회 김명남 목사님의 사랑과 성도들의 큰 격려, 연쇄 기도로 힘이 된 C.C.C. 지체들의 헌신은 잊지 못할 큰 기쁨이다.

　순원인 신민옥 자매의 남편으로, 제약 회사에 다니는 형제를 통해 암 치료에 신개발약을 선물받기도 한 것에 감사하고, 장기 입원 동안 간호하는 남편의 식사를 무료로 제공해 주신 병원 내 담임 전도사님의 배려에 감사한다. 또한 가까이에서 내 손과 발이 되어 준 친구인 강선희 집사와 격려의 기도와 함께 암에 효능이 좋다는 비싼 상황 버섯을 보내 온 순원 이종해, 박상선부부, 집안 일도 할 수 없어 식사를 만들어 주고 청소를 하며 도와준 한명임 집사님과 C.C.C. 지체들의 격려는 하나님이 보내 주신 수호천사임이 분명하다. 누구에게도 부탁하기 어려운 일도 내일처럼 도와주신 김일중 간사님, 체력 회복을 위하여 소꼬리, 펄펄 뛰는 가물치를 고아서 가져 오신 김경옥 집사님, 친구인 김미순 간사의 나에 대한 C.C.C.편지의 글을 통해 투병 가운데 병원에서 전도한 소식에 감동받아 얼굴도 모르는 분께서 몸 회복에 좋다는 옥제품 일체인 옥침대매트, 옥이불, 옥팔찌 등을 보내 주시기도 했다. '왜 주님 나만 편애하십니까?', '하나님 이렇게 사랑받아도 되는 것입니까?' 물으면서 '하나님 몰랐으면 어떻게 이런 사랑을 받을 수 있을까.' 하염없이 생각했다.

　　주님으로부터 받은 사랑이 너무너무 고맙기만 하다. 너무도 많이 부어 주시고, 그간의 사랑이 주님의 손길임을 감사하며 고마움에 흠뻑 젖는다. 주님께 한 것이 없지만 조금 해 놓은 것조차 이렇게 다 갚아 주시면 하늘나라에선 받을 상금이 없다는 생각에 두려워 지기도 했다.

내 생애 가장 행복한 나들이

건강이 회복되면서 걷지 못하던 다리에 힘도 생기고 어느 정도 내 힘으로 걸을 수 있게 되었다. 마음도 평안하며 새롭게 산다는 보람에 하루하루가 의미 있고 보는 것이 아름다웠다.

새롭게 새벽기도도 내 발로 걸어서 갈 수 있어서 행복했다. 설교 후 늘 2시간씩 기도하는데 남편과 두 아이들을 위해 새벽시간을 드렸다. 주님만을 위해 뒤돌아 보지 않고 달려 왔다. 가족을 위한 배려가 너무 없었기에 더욱 간절한 맘으로 기도를 드렸다. 지난 시간을 돌아보면 가족을 위해 할애할 시간도 없이 한눈 팔지 않고 뛰어 왔다.

평소 검소하고 절약이 몸에 배인 생활, 자신을 위해 누리고 즐기는 삶에 익숙하지 못한 우리 생활이 아쉬웠다. 열심히 헌신한다고 살았지만, 소중한 우리 가족을 위한 관심과 주님이 주신 삶을 생활 속에 누리지 못하고 살아왔던 지난날이 생각났다. 새벽 기도가 끝난 후 집에 도착하자마자 계획도 없었던 여행을 하자고 남편과 상의하고 부산에 사는 상선 자매에게 전화하였다. "나 부산갈꺼야." 갑자기 건 전화였지만 너무도 기뻐하며 반겨 주었다.

상선 자매 부부는 목포에서 직장생활할 때 내가 전도하여 예수를 영접하고 제자가 된 부부로, 고향인 부산으로 이사가서 생활하고 있다. 직장을 옮길 때도 나와 떨어지기 싫어 목포에 남아 있기를 원했지만 어쩔 수 없이 이사를 해야만 했던 제자로 목포를 영혼의 고향으로 생각했다. 아이들도 여름방학이어서 무작정 부산여행을 새벽에 결정하고 부산행 비행기를 탔다. 버스를 타고 갈까 하다 한 번쯤 즐기기로 하고 가족 모두 비행기를 이용한 여행이었다. 가족과 함께 여행간다는 이 일이 너무도 즐거웠다. 그래서 아무 것도 아깝지 않아 재정을 투자했다.

가족과 함께 한번도 여행을 떠나보지 못했던 우리 생활, 그럴 마음의 여유를 갖지 못하고 살아왔다. 부산에 도착하여 자매의 마중을 받아 집으로 갔다. 전도하여 제자로 성숙해 가는 그들 부부가 너무 귀했고, 갑자기 전화했는데도 그렇게 즐거운 마음으로 우리 가족을 맞이해 준 그 사랑이 너무도 고마웠다. 내가 전도하고 양육하여 이처럼 성숙한 모습에 너무 흐뭇했고 참 잘 왔다는 생각을 했다. 마음으로 살펴 준 사랑에 우리집처럼 편했다. 그들도 나의 회복되어 가는 모습을 보며 기뻐했다.

도시락을 싸 들고 금정산 계곡까지 내 발로 걸어서 올라갔다. 계곡물이 흐르는 산까지 내 발로 오를 수 있다니 더 이상 부러울 것이 없었다. 이야기하기를 즐기는 나는 자매와 이런 저런 이야기를 한없이 하는 동안 남편은 아이들을 데리고 계곡에서 물놀이 하며 작은 물고기를 잡으면서 재미있게 놀아 주었다. 온 가족이 함께 즐기는 날, 아름다운 자연 경치 속에 어울리는 우리 가족의 즐거운 나들이였다. 여름밤의 더위를 식히며 해수욕장에 나가 아이들과 모래성을 쌓으며 함께 놀아 주던 이종해, 박상선 부부는 내 생명의 면류관이요, 기쁨의 면류관이다.

다음 날은 집으로 돌아올 계획을 했으나 동아대 교수로 계시는 이기철, 이은희 집사님이 하루를 더 묵고 가라는 간청에 더 남았다. 남편은 나를 위해 원래 계획을 취소하고 나를 배려해 주었다. 목포에서 함께 교회를 섬기다 부산으로 학교를 옮기신 분으로 너무 가까이 지냈던 분들이다. 댁이 바로 해수욕장 근처여서 함께 모래밭을 거닐며 그간 쌓였던 이야기들을 모래성처럼 쌓아 바다로 흘려보내며 마음으로 맞아 준 깊은 애정과 섬김에 감사했다.

내 생애 너무도 의미 있고 가장 행복했던 2박 3일의 여행. 나의 가족, 그리고 마음이 통하는 사람들과 함께 보내고 왔다는 사실에 기쁨이 평생 즐거움으로 남는다.

내 소중한 가족

　내 아픔을 가장 가까이서 지켜보고 함께 고통을 나누며 안타까워한 사람은 가족이다. 내 사랑하는 가족, 남편과 아이들, 그리고 부모님들은 갑작스럽게 닥친 이 사실 앞에 모두 놀랐다. 아프기 전과 달라진 것은 유난히 남편과 자식들에 대한 감정이 전에 없이 애틋해졌다는 것이다.
　정신 없이 바빠 겨우 내 몸만 추스르고 열심히 살았던 나는 요즘 가족의 소중함을 맘껏 느낀다. 달리는 자동차의 브레이크처럼 병을 얻게 하신 것은 시간을 멈추고 주변을 다시 한번 돌아보며 감사하는 마음을 가지라는 하나님의 뜻이 아닌가 싶다. 매듭을 만들고 잠시 쉬며 든든하게 커 갈 준비를 하는 기간으로 생각하게 한다.
　평소 말이 없고 조용한 성격의 남편은 겉으로는 태연한 척, 얼굴 표정 하나 변하지 않고 나를 대했다. 의사를 만나고 와서 결과를 묻는 내게 남편은 언제나 똑같은 대답을 했다. "이제 곧 괜찮아진단다."라고. 남편은 병상에 있는 내게 수족이 되었다. 휠체어 끌고 그 많은 검사를 받기 위해 병원 구석구석을 다니며 가슴 졸이던 일은 그나마 감사였다. 척추에 통증이 와서 움직이지도 못할 때는 병원 침대 채 끌고 무던히도 많은 검사를 지극정성으로 섬겨 같은 병실 환자들과 간호사들도 남편에 대한 격려는 존경으로 드러나게 했다. 한번도 힘들거나 귀찮다는 표정을 보인 적이 없다. 규칙적으로 약을 챙겨 먹이고, 수시로 방 안의 공기를 갈아 주며, 환자복을 갈아 입히고, 대소변 받아내기를 얼마나 했던가. 마치 간병인보다 더 간병인 같은 모습으로 내 곁을 지켰다. 그래서 친정 엄마와 있을 때보다 남편이 더 편했다.

나는 혼자서 움직일 수 없어 몰골이 말이 아니다. 어느 날 남편의 배려로 C.C.C. 나사렛형제들이 문병 온다고 하여 샤워를 했다. 병원 목욕실 밑바닥에 꿇어 엎드린 내 몸을 정성껏 깨끗하게 씻어 주는 남편의 헌식적인 사랑이 너무도 고마웠다. 남편은 내 곁에서 흔들림 없이 믿음에 굳게 서서 간호하면서도 시간을 내어 가까운 교회에 나가 철야기도로 나를 격려하였다. 이러한 남편의 희생적인 사랑에 친정식구들도 감격하며 "남편 사랑 언제 갚을래?"라고 했다. 나를 가장 사랑해 주는 남편을 달라고 기도했던 배우자를 위한 기도가 응답된 것 같아 너무 기쁘고 감사하다.

'남편이 아프다고 하면 난 저렇게 할 수 있을까?' 사역을 즐기던 나, 애교는커녕 바쁘다는 핑계로 제대로 챙겨 주지도 못한 나. 이제는 머리마저 빠져 흉한 모습으로 변해버린 나를 지극정성으로 간호하는 남편을 바라보면서 새삼스레 그의 소중함을 알게 됐다.

입원하여 1차 수술를 받고, 남편의 부축을 받아 돌아오던 날 우리 집 현관에 들어서는 순간 왈칵 눈물이 쏟아졌다.

내 소중한 집, 가족, 하나님이 내게 주신 선물들. 아늑하고 따스한 이 가정의 고마움을 왜 전에는 느끼지 못했을까. 집에 와 자리에 누우니 천국이 따로 없었다.

어느 날 방사선 치료를 받고 주말을 이용하여 아이들이 있는 집으로 갈 생각에 부풀었는데 기계가 고장이 나서 치료를 못했다. 아이들이 몹시도 보고 싶었다. 입원 중에 주말이라도 아이들의 얼굴을 볼 수 있어 감사했는데 엄마가 어떻게 아픈지도 모르고 마냥 신나게 뛰어노는 초등학교에 갓 입학한 아들의 모습이 가슴 아프다. 입학식 때도 병원에 있어 갈 수 없는 상황이었다. 손꼽아 기다리던 병아리 같은 아들 소풍에도 따라 갈 수 없는 병원 신세의 안타까운 마음, 입학해서 1학년이 된 아들이 학교에 다니다 학교에 가지 않았다는 말을 듣고 결석이란 생각도 해 보지 못했던 나에게 부모 없는 집안 공간이 너무 슬프게 가슴이 메였다.

하루는 아들이 병원으로 전화를 했다. 글짓기 숙제를 내 주었는데 누나가 도와주어서 쓰기는 했지만 3페이지 분량이 다 차지 못하여 울면서 전화를 했다. 그냥 제출하라고 하는 데도 채워 주라고 울자 병원 구석에서 아빠가 글쓰기 내용을 묻고 분량을 채우기 위해 보충해서 받아적게 하여 전화로 숙제를 도와주었다.

딸은 초등학교를 졸업하고 중학교로 진학했다. 엄마가 아픈 가운데도 6년 동안 개근하고 우등상까지 타게 한 하나님의 은혜에 너무도 감격스럽고 아이가 대견했다. "우리 반에서 누구에게 모범상 줄까요?"라고 선생님이 반 학생들에게 물을 때 "최은혜요!" 하면서 이구동성으로 합창했단다. 이렇게 반 친구들에게 인기가 많고 인간관계를 중요시 하는 것을 보면 내 성격을 빼닮았다. 그러나 엄마가 없는 동안 독립심이 강해지다 보니 어른스럽다고 주위에서 칭찬할 땐 오히려 더욱 안쓰럽고, 한참 짜증도 부릴 나이에 감정을 쏟을 데가 없는 딸이 자꾸만 눈에 밟힌다.

딸 큐티노트를 열어 보니 하나님께 투정을 부렸다. '왜 하나님께 헌신하는 좋은 우리 엄마를 아프게 합니까? 하나님 내가 차라리 아플께요.' 라고 써 있었다. 더 이상 읽을 수 없이 눈물이 앞을 가렸다. 입원한 지 50여 일 만에 아이들이 방학하여 병원에서 만났다. 오랜만에 병실에서 함께 식사하며 가정에서 느끼지 못했던 한 상에 둘러앉은 축복을 받으며 행복해 했다. 빨리 퇴원하여 한 식탁에 앉아 식사할 꿈을 꾸면서 그간 보고 싶은 감정이 복받쳐 한없이 울었다. 가족이 함께하는 축복이 얼마나 소중한가를 가슴으로 체험했다.

사랑하고 보고픈 남편

　당신이 없는 집은 참으로 쓸쓸하더군요. 늘 보고 싶고 그립고 그래요. 우리가 부부가 된 것이 하나님의 축복임을 깨닫고 당신이 연애 시절에 제게 보낸 모든 편지를 읽어 보았습니다.
　새삼스레 느껴지는 감정들…. 시간이 갈수록 당신의 귀함을 느낍니다. 당신께 순종하지 못한 시간들. 저의 강한 자아 때문에 당신의 편에서 생각해 주지 못한 순간들을 주께 고백합니다. 이제는 충성하여 주님을 섬기듯 남은 생애 당신을 섬겨 드리고 싶습니다. 부족한 저를 아내로 맞아 많은 시간 속에서 기다려 주고, 키워 준 당신의 사랑이 참으로 귀하다는 것을 생각했습니다. 당신이 저보다 훨씬 성숙함을 어느 순간에 깨닫고 하나님 앞에 부끄러워했습니다.
　"나의 사랑 나의 어여쁜 자야 일어나 함께 가자."
　주님이 주신 생애 하나님을 섬기며 귀한 시간을 갖고 싶습니다. 때때로 우리에게 닥쳐질 어려움과 환란을 주께 맡기고 승리하는 삶을 살고 싶습니다.
　주님이 제게 주신 귀한 남편….

오늘 밤은 사랑의 고백을 하고 싶습니다. 갈수록 갈수록 정이 듭니다. 그리고 사랑스럽고, 믿음직하구요. 당신이 아니였다면 나는 내가 되지 못했을 거예요. 늘 믿어 주고 사랑해 준 당신께 진심으로 감사드립니다. 제 평생 주를 섬기고 당신을 섬기고 가족을 섬기며 살고 싶어요.

주님 앞에 갔을 때 제가 우리 식구(당신, 은혜, 은찬)를 사랑했다고 고백하고 싶습니다.

가정적이기 보다 사역을 즐기는 저를 인정해 주고, 위로해 주고 키워 주어서 고맙습니다. 우리가 서로 서로 진한 사랑을 계속하기를 바라며, 두 손 모아 우리 가정이 하나님께 드려지기를 기도드립니다.

당신의 아내가
'남편이 일본 단기선교 중일 때 보낸 편지'

귀여운 나의 아들 은찬에게

은찬아, 엄마는 은찬이에게 할 말이 없구나. 엄마가 혹시 하나님께 일찍 가면 먼 훗날 은찬이가 컸을 때 이것을 너에게 전해 주라고 아빠한테 부탁하고 이렇게 편지를 쓴다. 병원 침상에 누워서 아들에게 편지를 쓰려니 눈물이 앞을 가린다.

엄마는 은찬이가 얼마나 예쁜지 항상 무릎에 앉혀 놓고 손을 만져 보고 얼굴도 비벼 보며 옆으로 와서 누워 보라고 하곤 했단다. 엄마가 다리 아플 때 은찬이가 주물러 주면 엄마는 "아이 시원해." 하고, 은찬이는 좋아서 고사리 같은 손으로 주물러 주던 우리 아들.

엄마는 은찬이가 태어나기 4년 전부터 아들을 달라고 기도했고 늘 기도하고 얻은 아들이라 은찬이가 너무 사랑스럽단다. 은찬이가 하나님의 사람으로 성장해서 목사가 되어 신실한 믿음과 영적 지도력을 가진 모세처럼 마지막 세대에 주님이 사용하시는 민족의 영적 지도자가 되길 기도했다. 또 아론과 훌과 같은 믿음의 동역자가 많이 생기고 신실한 아내도 만나기를 기도 드렸단다.

귀여운 은찬아!

키가 크기를 기도드렸으니 이제 무럭무럭 자랄거야. 하나님이 우리의 기도를 응답하셔서 우리 가정에 아빠와 은찬이는 목사, 은혜는 선교사, 엄마는 간사로 주님을 위해 헌신하는 가정이 될 거야. 그러니 너무도 귀한 주님이 주신 시간을 정성껏 사용해라.

유치원 때는 친구가 없어 친구를 달라고 기도했더니 친구가 너무 많아 밖에서 놀다가 밤에 늦게 들어왔던 것이 아쉬웠지만, 반에서 인기 투표 했는데 제일 많은 표를 얻었다고 수줍게 자랑하는 우리 아들. 선생님께서 "글씨는 최은찬이처럼 쓰세요."라고 교실에서 자랑해 주셨다고 자랑하던 귀여운 아들, 엄마가 병원에 있는데도 학교생활 잘했다고 선생님께서 칭찬하신 말씀을 듣고 너무 감사했단다.

그렇게 기다리던 1학년 병아리 같은 입학식도 참석하지 못한 엄마는 그것이 늘 마음에 걸리고 가슴이 아팠단다. 모두들 어려워하는 수학을 즐기면서 재미있게 하며 가장 공부하기 싫을 때는 수학 과목을 선택하여 공부하는 수학 박사. 컴퓨터를 유난히 좋아하니까 잘하여서 주님의 영광 위해 사용하려므나.

씩씩하고 용감하게 친구들과 잘 지내며 누나와 지금처럼 재미있게 잘 지내야 해. 항상 기도하고 범사에 감사하는 은찬이가 되기를 기도한다. 은찬이에게 편지를 쓰다 보니 힘이 나서 눈물이 다시 마른다. 할렐루야!

사랑하는 딸 은혜에게

　은혜야, 엄마가 앞으로 어떻게 될지 몰라 침상에 누워서 편지를 쓴다. 엄마가 은혜랑 오래오래 살아야 하는데, 그렇지 못하면 하나님 곁에서 은혜가 하는 모든 일을 지켜 보고 있을게.

　은혜가 말씀에 늘 깨어 있고, 수학도 잘하고, 기도의 사람이 되기를 기도하고 있으니 너무 슬퍼 말아라. 엄마는 평안한 곳에서 주님과 영원한 생명수를 마시며 거닐고 있을 것을 상상하고 꿋꿋하게 살아다오.

　은혜야, 엄마는 은혜가 3~4살 때 필리핀에서 영어로 성경을 읽어 주고 믿음 안에 잘 자라기를 기도했단다. 은혜를 위해 일천번제를 드리고, 신실한 배우자를 위해 기도했으며, 중국 선교사로 헌신하기를 소원하여 중국어를 배워서 세계 선교의 도구로 드려지기를 기도했단다. 그리고 엄마는 너에게 어학의 능력을 주시도록 매일 새벽 건강하지 못한 몸으로 울부짖고 은혜의 앞날을 위해 기도했다. 엄마가 아파서 하지 못하는 은혜와 은찬이 돌보는 일을 아빠가 잘 해 주셔서 혹시 주님이 일찍 데려가면 우리 가정의 행복을 주님이 지켜 주리라고 믿기 때문에 병상에서도 두렵지 않고 마음이 평안하단다.

사랑하는 은혜야!

엄마는 은혜가 늘 사람들 앞에 성숙하다고 칭찬을 들을 때마다 대견했지만, 엄마의 건강이 좋지 못해 자립심이 강해진 너의 모습이 못내 아쉽고 가슴이 아팠단다. 은혜야, 동생 은찬이랑 엄마 대신 잘 놀아 주어라. 둘이서 몇 시간이나 사이좋게 놀고 있는 모습을 보면 기특하고 세상에 부러울 것이 없었다. 엄마는 은혜가 잘하리라 믿는다. 은혜가 훌륭하게 자라 하나님께 칭찬받고 사람들에게 존경받는 딸이 되기를 기도한다.

엄마는 대학 1학년 때 예수님 믿고 20년 동안을 주님을 너무도 사랑하여 기도하기를 즐거워하며 전도하고 성경을 가르치는 일을 마음껏 했다. 원이 없도록 주님의 일을 한 것 같다. 사랑하는 은혜야, 엄마는 제일하고 싶은 일이 기도하고 전도해서 주님 앞에 모든 영혼을 인도하는 일이란다. 주님이 다시 건강 주시면 주님 위해 더 많은 영혼을 전도하고 싶다. 하지만 주님의 주권 앞에 하나님이 어떻게 우리 기도를 인도하시든지 감사해야 돼. 엄마는 병상에서도 늘 주님께 감사하고 기도하고 기뻐했단다. 왜 암 환자가 혀를 자르는 순간에 감사할 수 있었는지 이해가 된다.

사랑하는 은혜야, 엄마가 잘 해 주지 못해 은혜에게 너무너무 미안하고 우리 장한 딸이 바이올린, 피아노와 어학 공부를 잘 해서 하나님께 귀하게 쓰임 받는 딸이 되기를 엄마는 두 손 모아 빈다. 그리고 아빠를 많이 많이 격려해 주고 우리 은찬이 부탁한다. 은찬이는 너무도 조그만해서 엄마가 마음에 걸린다. 다른 엄마처럼 건강하지 못한 엄마가 은혜의 십자가구나.

부부싸움의 피난처 된 우리집

　나의 관심 사역 분야는 가정사역으로 매년C.C.C. 여름수련회와 교회 초청강의에서 크리스천의 이성교제에 대한 특강을 하는 것이다. 청년들의 큰 관심과 인기분야이지만 강의보다는 모델적인 가정이 되어 실제적인 도전이 되기를 늘 소원했다.

　요즘 젊은이들은 남녀가 적당히 만나 즐기는 정도의 무책임한 충동적 행동으로 상처를 낳게 하는 이성교제를 한다. 그래서 성경의 결혼관으로 돌아가지 않고는 순결과 거룩함에 대한 기준을 발견할 수 없다. 세상이 비웃고 시대에 뒤떨어졌다고 해도 시대에 맞고 후회스럽게 사느니, 시대에 뒤떨어져도 행복하고 가치 있는 삶을 사는 것이 백 배 낫다.

　우리 나라는 1년에 36만 쌍이 결혼하여 30퍼센트가 이혼하는 상황이고, 1년에 150만 건의 낙태가 행해져 낙태 불명예국가가 되었으며, 1996년 대학생 의식조사에서 4명 중 3명은 순결이 필요 없다고 답할 정도로 성윤리가 추락했다. 사람들은 결혼에 대한 막연한 기대만으로 예비 지식 없이 결혼하고, 갈등으로 쉽게 이혼한다. 운전면허를 따기 위해서도 그 만큼의 시간, 재정을 투자하는데, 생애 최대의 사건을 준비 없이 하고, 사랑한다는 이유로 쉽게 성관계를 허용한다. 이러한 무책임한 성윤리로 원치 않는 임신으로 인한 낙태가 늘어나는 상황 속에서 청년들에게 성서적 결혼관을 심어주어 결혼을 준비하게 했다.

결혼은 사람이 독처하는 것이 좋지 않아 주신 하나님의 선물로 주님과 교회와의 관계를 남편과 아내로 비유할 만큼 신성하고 거룩하며, 하나님이 제정하신 것이기 때문에 성경을 통해서만 결혼을 이해할 수 있다. 또한 주위의 많은 사람들이 가정의 문제로 어려워하는 것을 보며 도와주고 싶어 성서적 가정관을 세우며, 가정사역을 위한 많은 책을 읽고 준비하여 데이트세미나, 예비결혼학교, 가정생활세미나를 인도하며 많은 형제 자매들의 필요를 보게 되었다.

예비결혼학교 강의를 하면서 많은 사람들이 긍정적인 자아상을 갖지 못하고 열등감에 사로잡혀 있으며 자신의 가치를 모르고 있다는 사실을 발견했다. 나도 열등감에 빠져 있었는데, 나의 가치는 예수의 피값으로 산 고귀한 값어치임을 받아들이고, 하나님이 사랑하신 나를 사랑하며 소중하고 존귀한 자로 스스로 인정할 수 있게 된 나의 산 간증이 청년들에게 도움이 되었다.

내가 투병 중에 인도한 강의는 듣는 이들에게 큰 감동이 되었다. 강의 중 남편과 연애 때의 편지를 읽어 주어 실제적인 경험의

산교육이 되었다. 특히 의사소통에 대한 강의는 평소 대화하기를 좋아하고 마음을 터놓고 대화하는 스타일이기에 좋은 강의가 되었다. 피상적이고 일상적인 대화를 떠나 감정을 담아 대화하는 훈련으로 주변의 관계들을 좋은 관계로 발전하게 했다.

예비결혼학교을 끝내고 평가서를 보니 나의 삶에서 나온 생생한 간증이 구수하고 결혼관에 대해 점검하며, 시간에 쫓기듯 살다 보니 소홀히 했던 부분을 생각하게 했다는 평가였다. 예비결혼학교를 통해 성서적 결혼관과 이성관을 새롭게 정립하며 영적, 육적인 순결한 형제 자매로 준비케 하였다. 성도들도 부부사이에 갈등으로 많은 불화가 있는 것을 보면서 돕기를 원했다. 그들은 부부싸움을 하고 괴로우면 우리집이 피난처가 되어 감정이 누그러질 때까지 우리집에서 묵으면서 나와 이야기하며 힘을 얻는다. 또한 남편들이 핍박을 하며 외출을 금해도 나를 만나러 간다면 허락해 준다는 것이었다. 그래서 어떤 친구는 이를 악이용하여 나를 만나러 간다고 핑계대기도 했다.

가정이 살아야 교회가 살고, 교회가 살아야 사회가 산다. 가정이 부패하면 나라는 썩는다. 역사 속에 사라진 나라들은 가정이 부패한 나라였다.

유쾌, 상쾌, 통쾌한 만남

　C.C.C. 시니어 간사사모모임을 우리집에서 했다. 서울, 대구, 강릉, 전주, 인천 등 전국에서 모여 든 사모들을 위해 집안 청소를 하고 다과를 준비하는 일로 분주했다. 마침 광주C.C.C. 출신의 양승곤, 김영수 집사가 통증클리닉병원 개업으로 목포에 내려와 있었는데 이번 모임에서 저녁식사를 대접해 주었고, 내가 몸이 불편하니 손님을 그들의 집에서 하루를 묵을 수 있도록 배려해 주었다. 저녁 식사 후 몸이 아프지만 평안한 마음으로 사역하는 간증을 나누며 마음이 통하는 사람들과 회포를 풀고 나니 막혔던 가슴이 뚫리는 것 같았다. 나를 격려하러 왔다가 오히려 힘이 된다며 올 때의 무거운 발걸음이 이젠 너무 가볍고 나를 만나고 나니 너무 평안하다고 위로를 준다.
　한 마디로 C.C.C.의 순수파 아내들로 가슴으로 경험한 생활 이야기를 나누며 하나가 되었다. 이 모임을 위해 인천에 계시는 친정어머니를 오시게 하여 음식을 정성껏 만든 고마운 김영수 집사님은 김미숙 사모님의 대학 친구로 캠퍼스 시절의 회포를 함께 풀었다.

순수함이 그대로 묻어 있는 사모님들과 만나고 나니 마음이 날아갈 것 같다. 한 마디를 하면 열 마디로 통하는 마음에 유쾌 상쾌 통쾌한 시간으로 온 밤을 새우며 폭소를 자아내면서 간사 사모들의 스트레스를 일소에 날려 보내는 소중한 만남이었다. C.C.C.에서 잔뼈가 굵은 충성스런 분들인 이 분들을 보면서 간사님들이 C.C.C.에서 오랫동안 사역할 수 있게 하는 사모들의 영향이 얼마나 큰가를 느끼게 했다.

식사 후, 암으로 투병하는 영암에 계시는 간사 사모님을 함께 방문하여 기도하며 격려했다. 사모님은 내가 상태가 더 안 좋은 상황인데 왔다고 눈물을 글썽이셨다. 같은 처지에서 느끼는 묘한 감정이지만 평안한 마음으로 승리하자고 주님께 의탁했다.

며칠 전, 아들 은찬이의 손을 잡고 길을 건너는데 대형 트럭이 급하게 달려 왔다. 그 트럭을 피하려다 나는 그 자리에 넘어져 버렸고, 트럭은 끽 소리를 내며 내 앞에 멈추어 섰다. 겨우 기어서 반대쪽에 피신한 나는 길 한복판에 덩그렇게 내동댕이쳐진 신발을 바라보았다. 하나님을 생각하니 다시 한번 눈시울이 뜨거워졌다. 오랫동안 병상에 있지 않고 한달 만에 치료받고 건강한 몸으로 남편과 아이들 옆으로 보내 주신 하나님의 은혜를 생각하니 주님에 대한 감격으로 가득 찼다.

인생에 있어서 언젠가는 주님 앞에 서야 되지만, 내 앞에 이렇게 빨리 다가와 버린 죽음에 대한 현실감은 받아들이기가 쉽지 않앉다. 유방암은 쉽게 수술하면 치료 가능하다고 주위 사람들이 격려했지만, 이 병든 몸을 안고 주님 앞에 홀로 서서 내 삶을 정리해야 한다는 것이 말처럼 쉬운 일은 아니었다. 3일 동안 밤마다 5살 먹은 아들을 안고 자면서 내가 우리 아이들 곁을 떠날 수도 있다는 생각을 하니 마음이 저리도록 아팠다.

내 생애를 돌아 보며 주님 앞에 서면 할 말이 없을 것 같았다. 다만 주님을 사랑해서 끊임없이 따르려고 했던 나의 마음을 받으시겠지라고 생각하니 내 마음에 깊은 평강이 오기 시작했다. 그리고 그 순간 주님을 만난다는 기대감이 생겼다. "아무 것도 염려하지 말고 오직 기도와 간구로 너희 구할 것을 감사함으로 하나님께 아뢰라 그리하면 모든 지각에 뛰어난 하나님의 평강이 그리스도 예수 안에서 너희 마음과 생각을 지키시리라."(빌4: 6, 7)의 말씀이 마음을 사로잡았고 주님의 말씀처럼 깊은 초자연적인 하나님의 평강이 마음에 임하기 시작했다.

"하나님 감사합니다. 감사합니다." 연속 감사하는 내 영혼의 찬양이 있었다. "호흡이 살아 있는 동안 주께 감사제를 드리고 싶은 이 열망하는 마음을 받으소서."

5시간 긴 수술 후에 마취가 깨어날 때 꼭 '감사합니다.' 라고 고백하고 싶었는데, 마취가 깨자마자 '감사합니다.' 란 입술의 고백을 들으면서 내 의식은 다시 가물가물 해졌다. 수술 당일 날 주님이 시편 103편을 주시면서 '네 죄를 사하시고 네 모든 병을 고치시며 좋은 것으로 만족케 하사 네 청춘을 새롭게 하시겠다' 라는 약속의 말씀을 기억하면서, 주님이 인도하시고, 성형까지 하시고, 좋은 것을 주시겠다는 약속의 말씀을 지키시는 주님이라고 생각하니 가슴이 벅찼다.

중환자실에서 죽어가는 영혼에게 천국, 지옥을 분명히 전하는 어느 간호사의 모습 속에서 큰 도전을 받고, 더욱 더 주의 복음을 전하는 선한 주의 청지기가 되리라는 굳건한 다짐을 했다. 한 달 동안 입원하면서 병실에 들어 오는 환자들을 위해 기도했고, 환자가 바뀔 때마다 복음을 전했던 시간들은 나의 청춘을 능히 새롭게 하는 너무도 소중한 시간이었다.

고난 가운데 배운 황홀한 감사

몸 관리를 하던 중 정밀검사를 다시 하게 되었는데, 척추로 암세포가 전이되어 신경을 누르고 있어 3개월 동안 걸을 수가 없었다. 또한 허리 통증으로 다리는 마를 대로 마르고 인간의 한계 상황 앞에 누워서 병상을 지키는, 가슴이 찢어지는 심정을 맞이했다. 누워서 밥을 먹고 휠체어에도 앉을 수 없어 병실 침대채로 끌고 다니며 치료를 받았다. 움직일 때마다 통증으로 괴롭지만 주변 사람들이 나를 쏘아보는 시선은 따겁게만 느껴졌다.

따뜻한 시선, 포근한 시선, 애정이 담긴 시선, 감동스런 시선들이 있지만 그러나 두려운 시선, 피하고 싶은 시선, 따가운 시선, 애처로운 시선, 이런 시선들이 나를 더 괴롭게 한다. 움직이지 못한 몸, 침상 전체를 끌고 다녀야 하는 신세에 항암제로 머리카락이 빠지고, 척추수술로 허리에 갑옷 같은 보조기를 붙이고, 누워서 밥 먹고, 침상에서 대소변을 받아 내고, 보행기 끌고 한 발짝 거닐 때의 시선, 휠체어 타고 나설 때의 시선, 모든 모습이 너무도 안쓰러운 시선이 나에게 집중된다. 같은 환자들마저도 내 몰골이 심해 나를 애처롭게 생각한다.

    봄기운이 아직 남아 있던 1999년 6월 10일에 입원하여 여름을 넘기고 가을을 맞이하게 된, 3개월이 넘는 시간을 병상에서 보냈다. 유방암에서 척추로 전이되어 허리 통증과 다리 신경을 마비시켜 걷지 못하고 가슴을 졸이며 1분 1초를 긴장하며 살아왔다.

    세 번째 수술인 6시간의 힘든 대수술로 허리뼈를 이식하고 다리에 신경이 통할 수 있도록 하여 다시금 다리에 힘이 생기게 되었다. 그리고 허리 보조기를 대고 걷는 연습을 거듭한 결과 어느 정도 걷게 되었다. 허리 통증은 사라졌지만 암세포가 소멸되기를 기도했다.

    에스겔 37장의 해골 떼에게 성령의 바람이 불자 뼈와 뼈가 연결되고 힘줄이 생기고 근육이 덮여 큰 군대가 된 것처럼 성령의 생기로 하나님의 기적이 일어나 암세포가 뿌리채 태워지기를 절박하게 기도했다. 승리하실 그 날까지 뒤로 물러서지 않고 영적 전쟁에서 믿음으로 일어서서 하나님이 사용하시는 도구가 되기를 주님께 철저하게 맡겼다.

    아는 사람들이 끊임없이 문병을 오고 기도해 주었다. 그들은 앙상한 내 손을 꼭 붙잡고 울면서 놓지를 못했다. 감사하며 평안한 내 모습을 보며 오히려 격려를 받고 갔다. 사실, 이런 고마운 사람들이 어디 있을까? 출석하고 있는 빛과소금교회와 전국의 C.C.C.에서 나를 위해 끊임없이 기도하고 있다는 이야기도 들려 주었다.

    그들의 기도가 결코 땅에 떨어지지 않을 것이라는 확신과 함께 나는 병중에서도 이런 사랑을 받고 있다는 사실에 행복하다는 생각이 들었다.

어려운 가운데 허우적거리며 잃어버린 감사를 회복하게 하시고, 생명 있음이 감사요, 내 발로 걷고 호흡하는 것이 황홀한 감사임을 알게 하셨다. 이 고난 중에도 손을 붙들어 일으켜 세워 주는 기도와 격려로 인하여 힘을 얻고 있으며, 허리 수술 후 통증이 사라지고 이제 한 걸음씩 혼자서 걷는 연습을 하고 걸음마를 배우는 아이처럼 기뻐하며 감사했다.

식욕도 없는 데다 다리에 힘이 없고 왼팔은 임파선이 막혀서 통나무처럼 부어 있어 계속 붙들고 기도했다. 한걸음 한걸음 걷는 모습을 보며 안쓰럽기도 하지만, 그간 기가 막힌 웅덩이에서 건지신 하나님께 무한 감사할 따름이다. 감사할 제목을 찾으면 한없이 감사한데, 앞길을 생각하면 우울하고 가슴이 터질 것 같다. 하나님께 범사에 감사하고, 쉬지 말고 기도하고, 오늘 괴로움은 오늘로 족하게 살아가는 법을 배우게 해 달라고 기도했다.

그래서 내 병상 일기는 하나님이 주신 감사 제목으로 가득 차 있다. 항암제 주사 맞고도 마음 평안하고, 밥 잘 먹을 수 있어서 감사하다. 많은 분들이 관심 가지고 신경 써 준 사랑에 감사요, 남편의 믿음이 견고해지고 든든히 서 가는 것이 감사며, 많은 환자들이 고통스러워하는 대소변을 시원하게 볼 수 있어서 너무도 감사하며, 아침마다 말씀으로 인도하여 평안을 주신 주님께 감사드린다.

또 병실에 함께 있는 암환자인 4명의 부부와 그의 가족 8명에게 4 영리로 복음 전할 기회를 주신 하나님께 감사드리며, 주일날 병원 지하 예배실에 그들 부부와 함께 예배에 참석하여 그들이 눈물 흘리며 감사하는 마음에 더 감사하며, 시한부 환자들에게 복음 전하여 천국으로 인도해 주신 하나님께 무한 감사드린다. 하나님은 영혼을 구원하려고 이렇게 연약한 나를 통해서 격려를 주시고, 인간의 미말에 두신 것 같지만 아직도 주님 곁에서 전도할 수 있도록 은총을 베풀어 주셔서 감사하다.

병원에서 퇴원하여 약 한 달동안 그 동안 다리에 힘이 없어 걷지 못하여 아장아장 걷는 연습을 하며 감사했다. 다음 치료를 위해 음식섭취를 하고, 매일 새벽과 낮시간에 교회에 나가 기도의 씨름으로 주님께 매달리며 감사의 줄을 잡았다. 애타게 생명줄 부여 잡고 기도의 폭탄되어, 주님의 가슴 끌어 안고 살려 달라고 애원도 했다. 지금까지 어려움 가운데 돌보신 주님, 더 가까이 붙들며 실망 낙담 포기하고, 승리하여 건져 내시는 기도 응답의 표징이 되어 하나님의 영광이 드러나도록 능력으로 기도했다.

5년 동안 투병생활을 하며 사람들의 기억 속에 잊혀지기도 하련만 여전히 기도해 주시던 많은 사람들, 음식과 물질로 후원해 주신 분들, 전화로 격려해 주시던 사랑의 손길들은 주님이 나에게 베풀어 주신 은혜였다.

입원해 있는 동안 하나님이 우리 아이들을 돌봐 주셔서 우리 딸 은혜는 우등생으로 졸업하고 좋은 성적으로 중학교에 입학했고, 우리 아들 은찬이가 엄마 없는 동안 너무 잘해 주었다고 도리어 고마워 하시던 담임선생님의 말씀을 들었을 때는 나 없는 동안 아이들을 돌봐 주신 하나님으로 인해 감격이 되었다.

치료 기간 중 9천만 원 이상의 치료비가 지불되었다. 후원해서 살아가는 우리에게는 엄청나게 큰 돈이지만 하나님은 세계와 민족 속에서 나를 아는 사람들을 통해 이 액수를 다 채워 주셨고, 오히려 넘쳐서 성전 건축 헌금까지 할 수 있게 하셨다. 그것은 정말 하나님의 특별한 돌봄 때문이었다. 나는 이렇게 일어설 정도로 믿음이 있는 사람은 아니지만, 하나님이 내 심장 속에 그리스도의 믿음을 심어 주셔서 이 어려운 과정 속에서 평안할 수 있도록 해 주셨다.

입원해 있던 환자들이 하나 둘씩 저 세상으로 가는 것을 보면서 나 홀로 남았을 때, 새벽 기도를 다녀온 후 두 다리로 서서 밥을 짓고 반찬을 만들어 아이들을 먹여 학교에 보낼 때는 얼마나 감사한지. 증상으로 보아 저들보다 먼저 죽을 사람이었지만 내가 평안할 수 있었음은 하나님께서 내 속에 당신의 평강을 주셔서 불굴의 의지로 일어설 수 있도록 강권하셨기 때문이었다. 그리고 이 난관 속에서 나와 함께하신 주님께 생명을 걸어 기도하면서 세상에서 경험할 수 없는 평강을 소유하게 했다.

하나님은 빌립보서의 "아무것도 염려하지 말고 오직 기도와 간구로 너희 구할 것을 감사함으로 하나님께 아뢰라 그리하면 모든 지각에 뛰어난 하나님의 평강이 그리스도 예수 안에서 너희 마음과 생각을 지키시리라."는 말씀으로 극한 상황 속에서도 상상할 수 없는 하나님의 평강을 내게 주셨다.

어느 날은 이런 감사의 기도가 저절로 나왔다.

"좋으신 하나님, 하나님은 나를 너무나 사랑하시기에 병을 주셨지요. 나를 더욱 크게 쓰시려고 이렇게 철저히 연단시키는 것이지요. 만약 내게 이런 아픔이 없었다면 다른 사람의 고통은 전혀 몰랐을 겁니다. 또한 가족이 그렇게 소중하다는 것도 몰랐을 것입니다. 이 귀한 경험으로 더욱 하나님을 사랑하게 됐으니 황홀한 감사입니다."

4
모든 족속으로 제자를 삼으라

모든 족속으로 제자 삼는 감격

필리핀은 고온 다습한 기후로 때때로 장대 같은 소나기가 쏟아져 열기를 식혀 준다. 그간 이곳에서 생활하면서 서로 다른 사고에서 오는 문화 충격과 사람들의 관계 속에서 기쁨과 아픔이 있었지만, 하나님이 결국은 우리에게 인내와 사랑과 지혜를 가르쳐 주셨다.

하나님께서는 귀한 가정 성경공부를 우리에게 붙여 주셨다. 여름방학 동안 국제C.C.C. 신학교 인턴십으로 2개월 동안 트리니다드에서 축호전도와 '예수' 영화 상영으로 복음을 전하였는데, 다시 그곳에서 전도하여 에드몬드와 아내, 그의 동생이 연결되어 매주일 오후 2시에 성경공부를 하였다.

에드몬드는 소규모 공예품 기술자로 말씀에 열려 있었으며 구원의 확신을 얻고 기뻐하고 있다. 계속 우리 가정과 좋은 관계를 갖고 그리스도 안에서 잘 성숙되기를 소원했다. 캠퍼스 전도와 공원 전도에서는 사람들이 성경공부 약속에 나오지 않는 실망을 경험하기도 하였다. 다시 기대되지 않는 마음으로 전도하는 나 자신에게 끊임없이 실망치 않는 인내가 필요함을 느꼈다. 주님이 주신 피문은 복음을 더 많은 영혼에게 생명을 다해 전하고 싶다.

트리니다드 원주민사역은 활발하게 진행 중에 있었다. 그러나 공예품 공장에서 일하는 기술자들에게 어려움이 있었다. 공장주로부터 원료 공급이 없어서 매일 일하던 일거리가 줄어들어, 결국 가난한 그들에게 재정의 곤란이 닥쳤다. 하루하루 벌어서 먹고 사시는 분들이라 비상으로 기도했다. 그곳에서 일하는 자매들이 간절한 기도의 요청을 하기도 해서 모임에서도 기도를 모으고, 새벽마다 깨어서 각 처소에서 마음을 합하여 기도했는데, 주님이 응답해 주셨다. 그 이후 모두 다 힘을 얻고 열심히 일하고 있어서 우리 안에 큰 간증이 되었다.

생명을 전하는 즐거운 일

대학 1학년 때 4영리를 통해 주님을 만나 지성의 못자리 판인 대학을 변화시켜 민족의 입체적 복음화를 위한 사역자로 부름 받은 이래 십년이 하루같이 흘렀다. 생명을 구하는 일에 나의 목숨을 조금도 귀히 여기지 않고, 값진 사명에 즐거워하며, 섬기면 섬길수록 더욱 귀한 주님으로 인해 기쁘다.

필리핀에 있을 때 더 많은 사람들에게 그리스도의 피묻은 복음을 전하기 위해 매일 아침 바기오대학에 나갔다. 두 달 동안에 40명에게 복음을 전하여 5명의 신실한 제자를 기르게 되었다. 그 중에 릴리는 장학생으로 성경공부에도 대단한 열정이 있어 힘이 된다. 필리핀 미인선발대회에 참석하기도 했다. 마음이 내키지 않는다고 여러 번 사양했으나, 주위의 간절한 권유로 참석했다. 미인선발대회가 끝나자, 생소한 경험을 했으나 다시는 이런 대회에 참석치 않겠다는 말에 모두 함께 활짝 웃었다. 나는 순장의 특권으로 로얄박스에 초대되어 미인선발대회를 구경하는 특권도 누렸다.

캠퍼스사역은 바기오대학에서 전도 육성으로 '89년 필리핀

C.C.C. 수련회에 순원 중 7명이 참석해서 전도훈련을 받고 바기오 대학 복음화의 핵이 되어 제자를 가르치고 있다. 참으로 하나님의 역사임을 체험한다. 그 중 파티마는 4명의 제자를 낳았고, 운명 직전의 자기 이모에게 복음을 전하여 영접케 하였다. 릴리도 순원을 낳았으며, 바기오대학 모임의 인도자가 되었다. 이들은 또 C.C.C. 새생명훈련원(NLTC)에서 헌신적으로 훈련을 받았다. 이들을 통하여 바기오대학 C.C.C가 활성화 되어 가면서 사도행전의 사건을 기대했다.

순원 중에 신실한 자매 릴리가 졸업을 했다. 캠퍼스에서 주님을 만나고 6개월 만에 순원 2명을 낳았는데, 졸업을 하고 호텔에 취직하였다. 가는 곳마다 그리스도의 향기를 풍기고 계속적인 제자의 삶을 살기를 간구했다. 다른 순원 라니는 천식으로 병원에 입원했으나, 그 뒤 몸이 좋아져서 독일인이 운영하는 회사에서 비서로 일하게 되었다. 치열한 경쟁 속에서 주님이 좋은 일자리를 허락해 주셨다. 사장님은 비기독교인이나 회사원들 중에 주님을 갈망하는 사람이 많이 있다고 했다. 그들 중에 5명이 순모임에 연결되어 승법 번식의 제자가 되었다.

캠퍼스에서 만났던 릴리 가정의 성경공부도 활성화되었다. 50세인 어머님께서 처음에는 우리를 북한 사람으로 착각하여 공산당인 줄 알고 몹시 염려하였으나 알고 보니 아주 친절한 사람들이라고 고백하던 그 날, 참 감사했다. 성경공부를 꺼리던 어머님이 마음을 여시고 우리에게 다가 오셨기 때문이다. 이곳은 깊은 인간 관계가 없이는 성공적인 사역이. 어렵다는 것을 알고 좋은 관계에 신경을 쓰게 되었다. 릴리 언니는 독실한 신자라서 성경공부할 때 많은 도전과 격려를 받았다.

에드먼드와 그의 아내는 주님 안에서 무럭무럭 자랐다. 처음으로 나를 통해 복음을 접해 신앙생활을 시작하자, 그 가정이 새롭게 변화되고 삶이 바뀌기 사작했다. 성경공부 모임 때는 그는 기타를 치며 찬양하여 더욱 힘이 되었고, 주의 말씀을 사모하는 그의 아내의 모습 속에서 도전을 받곤 했다. 내가 에드몬드 가정에서 성경공부를 인도하고 있을 때, 남편이 옆집 아주머니에게 복음을 전하여 성경공부에 같이 참석하기로 했다. 성경공부를 마치고 콜라를 마시던 중 상점 주인에게 복음을 전했는데, 그리스도를 영접해서 매 주일 만나게 되었다.

상점 안에서 에드먼드와 성경공부를 하고 있을 때 남편은 은혜와 함께 지프니(버스)를 기다리는 사람들에게 복음을 전했다. 지난 달에 영어 4영리를 암송하고 너무 기뻐 더욱 자연스럽게 전도를 하게 되었다.

가난한 자들을 향한 기도

필리핀에서 신학공부를 마치고 한국에 들어온 지 2년 후에 바울의 2차 전도여행처럼 단기선교팀의 일원으로 필리핀 지역을 다시 돌아 보고 격려하게 되었다.

우리들이 필리핀에 있던 4년 동안 한국은 '88년 서울올림픽을 치루면서 엄청난 발전을 하였고 많은 변화가 있었다. 마닐라에 다시 들어가 단기선교할 지역은 가난과 빈부의 격차로 마음을 아프게 했다. 큰 건물이 없었고, 양철로 된 지붕이 눈에 들어왔다. 후덥지근한 날씨와 답답하고 탁한 공기가 우리의 숨을 막아 놓았고, 곳곳의 야자수 등 열대수만이 우리를 반겨 주었다.

다음 날 우리팀에게 지정된 산타메사 지역의 사역 교회로 갔다. 농구코트 옆에 양철로 지붕을 덮은 것이 교회 모습의 전부였다. 거의 교회의 외형적인 모습을 갖춰 놓지 못했는데, 이런 곳에서 예배를 드린다고 생각하니 한국 교회의 현실이 눈에 다가왔다. 우리 사역지는 거의 빈민촌이었다. 쾌쾌한 하수도가 집 앞으로 흐르고, 좁은 골목과, 아이들의 남루한 옷차림과 깡마른 체구. 하루 벌어 하루 먹고 사는 집이 거의 대부분이었다. 가난한 나라에 가장 가난한 섬김의 자세로 사역을 배우는 기회로 헌신했다.

  이곳 사람들은 몹시도 가난하다. 나는 그들을 만난 후 가난에 대해 깊이 생각해 보았다. 지나치도록 가난해보지 않아서 그들의 가난을 내 피부로 절실히 느낄 수 없지만, 너무도 아픈 밤을 보냈다. 왜 우리가 기아선상에 헤매는 세계 곳곳의 사람들을 위해 기도해야 하는지를 알게 되었다. 3평 되는 방 한 칸에서 5명 이상이 사는 것을 보면서 이들에게 재정으로 도와줄 수 없음이 안타까웠다.

  우리의 찬양소리를 듣고 사람들이 모여들기 시작했다. 한참 신기한 듯 쳐다보다가 4영리 전도를 하자 상당한 관심을 보이기 시작했다. 어린아이에서부터 노인에 이르기까지 모두들 순수한 마음들이었다. 그들 안에서는 가난을 익숙하게 여겨 오히려 아무렇지도 않게 생각했다.

  복음사역이 진행되어 가면서 필리핀 목사님과 교인들이 모두 복음에 열의를 갖고, 이 지역 모든 영혼을 그리스도의 심장으로 사랑할 수 있도록 기도했다. 우리의 기도는 밤낮으로 계속 되었다. 계속적으로 음악회와 의료진료 사역을 통해 교인들이 변화되고 열정이 달아오름을 느꼈고, 마지막 사역인 코리안 펠로우십(Korean Fellowship)이 끝난 후에는 교인들이 초청인들에게 4영리로 복음을 전하게 되었다. 우리가 떠나도 주님께서 복음의 싹을 트고 자라게 하실 것에 대해 감사했다.

잠 못 이루는 밤

　언어가 다르고 문화가 다른 필리핀은 나에게 바울의 아라비아 3년 같은 연단의 장소였다. C.C.C. 여름수련회를 통해 그리스도를 주님으로 영접한 순간 인생 전체를 주님께 드리겠다고 서원했던 내가 필리핀에서는 흐트러진 신앙으로 삶의 목표조차도 잃어버린 상태가 되어 헤매었다.
　잃어버린 신앙을 회복하기 위해 새벽마다 부르짖던 1년 6개월 만에 주님은 조용히 역사를 시작하셨다. 성령의 강권함으로 바기오대학을 찾아가 복음을 전하기 시작한 것은 주님을 향한 나의 갈망이었다. 필리핀에서 마지막 남은 1년의 삶을 주님께 송두리째 드리고 싶었고 '80세계복음화대성회 때 세계 복음화의 주역이 되겠다고 조용히 주님께 서원했던 주님과 나만의 약속이기도 했다. 낯선 외국 땅에서 시장 바닥에 주저 앉아 외로워서 울던 내가 1년 동안 100명 이상의 학생들에게 전도하여 10명의 순원을 낳았다. 전도하여 연결된 믿음의 딸 7명이 필리핀C.C.C. 여름수련회에 참석하던 날, 주님이 나의 입을 통해 말씀하셨고, 행하셨고, 성경의 약속한 것들을 지키셨음을 알게 되었다.

　바기오대학은 캐나다 간사, 필리핀 간사, 미국 간사들이 간사팀을 이뤄 함께 사역했는데, 영어를 자유롭게 구사하는 자기들에 비하여 내가 더 많은 사역의 열매를 맺는 것을 부러워하며 선망의 대상이 되기도 했다. 이런 사실을 볼 때 하나님의 전적인 은혜이며 성령의 역사임을 인정하며 감사했다.

　1990년 7월 6일~8월 13일까지 있었던 'New Life 2000 마닐라선교대회'는 필리핀 교회에 큰 충격과 영적 분위기를 조성하는 데 커다란 역할을 했다. 마지막 세대에 지진 같은 영적 전쟁으로 한국 교회의 선교 열정과 기도와 헌신을 필리핀 교회들에게 가르쳐 준 좋은 기회가 되었다. 또한 세계에서 가장 많은 인원인 3,000명이 참석함으로 한국 주도의 세계 선교에 대한 확신과 믿음을 한국C.C.C.에 심어 주었다. 특별히 필리핀에 있는 동안 이 대회를 준비하는 특권을 누리며 한국 교회에 단기선교의 물꼬를 트는 계기가 되어 더욱 감사했다.

　7~8월의 필리핀 기후는 태풍과 폭우로 비행기와 교통에 큰 불편을 예상했으나 하나님의 비상 간섭을 경험했다. 한국에서 온 학생들이 전도한 지역에 주일마다 교인들이 30~40명씩 등록되어 언어의 장벽을 넘어서 하나님의 복음전략을 보게 되었다. 또한 필리핀 교회에서는 한국 선교사들을 보내 줄 것을 요청했고, 공항까지 전송 나와서 눈물로 보내는 그리스도의 사랑을 보며 흐뭇했다. 때

때로 쏟아진 폭우는 열대의 열기를 식혀 주었으나, 지역이 낮은 곳에서는 교통이 두절되어 전도하러 갔던 학생들이 밤 늦게 숙소에 들어가기도 했다. 마닐라선교대회는 마닐라 전역에 있는 25개 숙소로 흩어져 100~200명 단위로 오전에는 선교에 대한 강의를 듣고 오후와 밤에는 개인 전도, 성경공부, '예수' 영화를 통하여 복음을 전했다. 발레, 한국 고전무용, 농구를 좋아하는 필리핀 사람들과의 농구 경기, 한국의 태권도 시범과 공연, 음악 공연 등을 통하여 폭 넓게 복음을 전할 수 있었다.

선교대회가 있었던 기간 중에 필리핀 전역엔 강도 7도의 지진으로 3,000명 이상이 생명을 잃었다. 지진이 심한 바기오시는 우리가 4년간 살던 곳으로 선교대회를 위하여 마닐라로 내려온 지 한 달 만에 지진이 일어나 우리의 마음에 큰 충격을 주었다. 그 후, 계속된 100회 이상의 여진으로 바기오 사람들은 지진 공포증에 시달리고 있었다. 무너진 호텔과 학교에서는 시체를 발굴하지 못해 콜레라와 장티푸스가 유행하고 있었고, 도시는 시체 썩는 냄새로 사람들이 괴로움을 당하고 있었다. 또한 많은 이재민들이 우리가 자주 갔던 번함공원에 텐트를 치고 살고 있어서 우리의 마음을 아프게 했다. 더욱 안타까운 것은 우리가 사역하던 바기오대학이 지진으로 무너져 200여 명이 희생되었는데, 제자들과 트리니다드 지역 성경공부 그룹이 무사한지 소식을 들을 수 없는 것이었다. 3,000여 명의 학생들이 한국에서 와서 선교하고 있는 동안에 지진이 일어났기 때문에 선교대회 본부 사무실로 안부를 묻는 전화로 빗발쳤다. 선교대회에 참석한 학생들의 가정에서는 한국 학생들에게는 아무 피해가 없다고 하는데도 부모님들은 직접 목소리를 들어야 안심하겠노라며 불안해 했다. 지진으로 큰 어려움이 있었지만 필리핀 사람들은 위기 가운데 마음이 더 가난해져 선교하는 데는 더없이 좋은 기회가 되었다.

나는 바기오대학 학생들의 사고 소식을 듣고, 나에게 복음을 들었던 학생들은 어떻게 되었나 생각하니 마음이 미어오는 듯 했고, 더 열심히 복음을 전하지 못한 불충성한 나의 모습 때문에 잠 못 이루는 밤을 보냈다. 또 나의 순원인 릴리가 호텔 직원으로 일하시던 아버지가 지진으로 압사당하시자 한 달을 호텔 앞에 서서 아버지의 시신을 찾고 있다는 소식은 나의 마음을 저리게 했다. 릴리는 바기오대학을 처음 찾던 날 만났던 불신자 학생이었다. 그러나 그녀는 6개월 만에 2명의 순원을 낳아 캠퍼스 안에서 순모임을 인도했고, 그의 언니와 어머니가 연결되어 가정 성경공부를 하게 되었다.

또 한 순원인 파티마는 6.25 동란으로 참전한 그녀의 오빠가 한국에서 전사하였는데, 나는 그에게 생명으로 지켜 준 조국의 빚을 갚듯이 사랑을 심었다. 그로 인해 같은 기숙사 자매 5명 학생이 복음을 듣게 되었고, 순모임에 연결되었다. 순원 파티마와 한국으로 귀국하기 위해 석별하는 날 밤새도록 책상 앞에 엎드리어 한없이 울면서 뜬 눈으로 날을 새웠다.

순원들과 떡을 떼며 게임을 즐기던 일, 공원에 찾아가 교제하던 기억들, 집에 찾아와 매운 한국 음식을 먹으며 신기해 하던 일 등 부족하고 연약하며 무능한 나를 통해 행하신 주님의 수고를 기억한다.

바기오에서 하던 원주민 사역은 그들이 성장하여 성경공부에 대한 새로운 도전이 되었다. 에드몬드 가정으로부터 시작한 성경공부는 23명이 되었고, 특히 에바노 가정은 그의 집을 매주일 공부할 수 있도록 해 주었으며 그의 아내의 변화는 우리에게 큰 격려와 기쁨이 되었다. 우리가 한국에 온 후에도 계속 성장할 수 있도록 C.C.C.국제신학교 교수며 목회를 하고 있는 델핀 목사님께 연결시켜 주었다. 바기오대학 사역은 주님의 선한 손길을 체험하는 놀라운 축복이었다. 복음을 듣고 말씀에 이끌리어 변화를 받고, 다시 그들이 복음을 전하여 성경공부 그룹을 만들어 갔다. 나는 내가 가르치던 학생들의 신앙 성장을 위하여 필리핀 C.C.C. 간사인 그레이스에게 연결시켜 계속 가르치게 하였다.

짧은 만남 영원한 은혜

일본 여름 단기선교는 앗수르 같은 나라, 우리의 니느웨 같은 민족의 원수 나라인 일본을 저주하는 대신, 한 손에 복음을, 다른 한 손에 그리스도의 사랑을 가지고 가는 단기선교이다.

부산에서 22시간 걸리는 국제선 페리호를 타고 오사카항에 도착하여 마중 나온 일본 목사님과 성도들의 환영을 받으며 항구에서부터 배낭 행렬의 선교는 시작되었다. 특별 프로그램으로 찬양 선교팀, 발레, 민속춤, '예수' 영화팀으로 구성된 대중 집회 전도와 각 중순 단위로 준비한 연극, 찬양, 한국문화의 밤을 통하여 간증과 함께 전도를 했다.

일본은 전체 인구의 1퍼센트만이 크리스천인 참으로 영적으로 어려운 나라다. 선교 기간 첫째 주일에 일본 교회는 설교를 통해 총칼로 짓밟은 일제의 침략상을 회개하며 눈물로 용서를 빌었다. 15명 내외 교회이지만 한국팀을 섬기는 데 헌신적으로 힘을 모으는 일본 교회를 보면서 도전을 받기도 했다. 서투른 일본어로 소개한 그리스도의 사랑에 목사님 아들이 예수님을 영접하여 변화된 모습에 일본 교회 성도들은 놀라며 성령의 역사에 함께 기뻐했다. 슬프게도 조총련 학교 앞에 "김일성 원수 만세"라고 쓴 현수막은 북한의 모습을 보는 것 같았는데 전도하려고 하자 "언니들은 조국 통일을 위해 싸워야 하는데 뭐하는 겁니까?"라고 울며 영접하는 모습에 북한 선교의 꿈을 잉태케 했다.

자녀들을 시어머니께 맡기고 단기선교 중순장으로 사역한 아보시교회에서는 놀라운 일들이 많이 일어났다. 내가 영어로 설교하면 일본 교회 사모님께서 일본어로 통역하고 다시 한국어로 설명해야 하는 바벨탑사건과도 같은 언어 혼잡의 어려움이 있었지만, 새신자가 연결되고, 그 중에 2명이 세례를 받았다는 편지와 전화는 우리로 하여금 하나님의 놀라운 역사를 체험하게 했다.

2주간 사역 후 귀국할 때 목사님은 그간의 사랑 때문에 우리들을 떠나 보내기가 못내 아쉬워 초등학교 자녀들을 학교에 보내지 않고 고베항까지 함께 전송하게 했다. 배에 올라 타기 전부터 고베항은 눈물의 항구가 되었다. 배에 올라 연신 눈물을 훔치면서 얼굴이 보이지 않을 때까지 계속 손을 흔들며 그리운 작별을 하는데, 우리를 멀리 갈라놓는 바다가 야속하기까지 했다.

아보시교회는 10명의 교인이 나오는 참으로 열악한 교회였다. 숙소시설이 없어서 교회당 의자를 치우고 10명의 단기선교팀의 숙소로 사용했고, 형제들은 성도들의 집에서 나누어 묵었다. 단기선교 실시 교회 중 가장 경제적으로 어려운 교회였으나 가장 풍성한 사역이었다고 들었다.

  단기선교팀이 모두 아침 금식을 하기로 작정하고 식사 준비할 시간을 빼어 더 많은 기도시간을 확보하여 성령의 인도를 받으며 풍성한 응답을 경험했다. 개인 전도한 사람을 '한국인의 밤'이라는 프로그램에 초청하여 민속춤인 아리랑, 부채춤 공연 후 한국 음식을 먹으면서 4영리로 전도하였다. 교회 재정이 어려워 우리팀의 헌금을 모아 공연 장소를 섭외하고, '예수' 영화 상영 후 4영리로 50명에게 전도하여 그 중 9명이 예수님을 영접하고 육성으로 연결되었다.

  그러던 어느 날, 나는 한 자매를 만났다. 그는 복음에 관심이 있는 자매는 아니었고 미국인에게 영어회화를 배우기 위해 주 중에 교회를 나오던 자매였다. 나는 그에게 회화를 가르치는 미국인 선생인 덴에게 허락을 받아 4영리로 복음을 전하기 시작했다. 그녀에게 확실한 복음을 전하기 위해 우가이 가쯔미 사모님의 도움을 받아 우리는 진지하게 앉아서 4영리를 전하기 시작했다. '하나님은 당신을 사랑하십니다.'로 시작되는 1원리부터 4원리까지 전하고 영접할 것을 권유했을 때, 그녀는 울기 시작하더니 급기야 설움이 복받쳐 화장실로 뛰어가고 옆에 계시던 사모님은 당황해서 화장실로 따라 들어갔다. 나는 화장실 밖에서 고개를 숙이고 기도만 했다.

  사모님은 그녀를 달래며 무슨 일이냐고 물었다. 그 자매에게는 한 어린 동생이 있었는데 밤새 열이 끓어 오르는 것을 식구들은 모두 깊은 잠이 들어 모르다가 결국 동생은 영원히 돌아 올 수 없는 죽음의 길로 가 버리고 말았다는 것이었다. 만약 한 식구라도 깨어서 동생을 보았더라면 아무도 모르게 동생은 가지 않았을 것이다. 이 일로 인하여 식구 전체는 큰 죄책감에 사로잡혔고 오랫동안 이 문제로 자매는 시달려 왔다는 것이다.

예수님을 영접하라고 했을 때 그녀는 '과연 내가 예수님을 영접하면 이 죄가 사라질까?' 라는 의문 때문에 마음이 답답하고 형언할 수 없는 마음에 울기 시작했다고 고백했다. 그녀는 예수를 영접하고 교회에 헌신하게 되었고, C.C.C.전국대학생여름수련회에 참석하기 위해 한국까지 온 적도 있었다. 그리고 그녀의 동생도 교회에 출석하게 되었고, 그녀의 어머니도 관심이 많아졌다는 소식을 들었다.

아보시교회 목사님으로부터 늘 목포C.C.C.를 그리워하며 한국에 오고 싶다는 연락을 받았다. 그 후 목사님께서 목포에 오셔서 우리집에서 3일간 지내시며 짧은 만남, 긴 은혜를 나누었는데, 그 다음 해에는 아보시교회 온 교인들을 모시고 몽산포에서 있었던 C.C.C.전국대학생여름수련회에 참여해 한국에서 일어나고 있는 성령의 불을 경험하고 기뻐하였다.

그 뒤 계속 연락하며 교회가 성장해 가는 소식을 들었다. 후엔 교회도 새로 건축하였는데 건축헌당식에 목포에서 한 형제가 일본까지 다녀 올 정도로 정이 들었다. '이제 단기선교로 일본에 오면 넓은 숙소에서 지낼 수 있는데….' 라며 아쉬워했다는 소식도 전해 들었다.

5
고난 속에서 캐낸 진주

내가 암이라니

아내로, 엄마로, 한국대학생선교회 간사로, 교회에선 제자훈련 사역자로 열심히 충성스럽게 나의 사명을 감당하며 살았다. 하나님을 너무나 사랑하여 하나님과 함께하는 삶은 나의 기쁨이요, 즐거움이었다.

나는 아주 단란한 가정에서 태어나 어려움 없이 자랐다. 어릴 때부터 교회에 다녔지만 대학 1학년 때 C.C.C.에서 예수 그리스도를 영접하여 그리스도인이 되었다. 대학 졸업 후 C.C.C. 간사가 되었고 그곳에서 남편을 만나 결혼 후 4년 동안 필리핀 선교사로 사역을 했다. 한국에 돌아와 성남C.C.C.를 개척한 후 시아버님께서 돌아가시기 전에 한 번만이라도 모시고 싶어하는 남편의 소원을 따라 이곳 목포에 오게 되었다.

착하게 자라 준 아들 딸, 나를 자랑스럽게 세워 주는 남편, 경제적으로 넉넉하지는 않았지만 늘 마음의 부요함으로 살았던 우리 가정, 내 자랑의 면류관처럼 소중한 제자들, 늘 감사가 되며 예수 믿는 행복을 누리며 살았다. 그러던 중 1995년 가을은 목이 길어 흔

들리는 길가의 외로운 코스모스처럼, 진주를 만들어 내기 위한 조개의 고통과도 같은 시간이었다.

　어느 날 나는 왼쪽 가슴에 조그마한 멍울을 발견해 두려운 마음으로 병원에 갔는데 유방암이라는 청천벽력 같은 소리를 듣게 되었다. 그것은 전혀 생소한 단어였다. 지금껏 한번도 생각해 본 적 없는 말이었다. '그럴리가 없어. 뭔가 잘못된 걸 거야. 설마 내가 암일까? 나도 암에 걸릴 수 있단 말인가? 믿어지지가 않았다. 이 결과를 듣고 남편과 나는 한없이 부둥켜안고 울다가 정신이 나갔다. 주님 위해 열심히 살았는데, 하나님이 원망스러웠다.

　짧은 시간에 수많은 생각들이 떠올랐다. TV에서 봤던 암환자들의 울고불고 소리를 지르며 비참하게 죽어가는 모습들이 떠올라 한참을 울다가 마음에 평정을 찾아 주님을 바라보게 되었다. 그때 하나님은 나를 통해 더 큰 일을 행하시려고 고난으로 연단하신다는 생각이 들었다. 그런 생각이 들자 암이 그리 두려운 것으로 느껴지지 않았다. 암을 이겨낼 수 있다는 생각이 들었던 것이다.

　언제부터인지는 모르지만 밖에서 대학생 사역과 교회 사역을 하고 집에 오면 피곤함이 느껴졌다. 하루 24시간도 모자랄 정도로 열정적으로 살았고, 한번 일을 잡으면 끝을 봐야 하는 성격이었다. 힘이 없어 자꾸 힘들어하자 남편은 검진을 받으라고 했다. 하지만 '별 것 아니겠지?' 하는 생각에 미루고 있었다. 누가 볼 때도 건강해 보이고, 또 무엇을 하던지 열심히 하였기 때문에 건강을 자신하지는 않지만 암세포가 내 몸에 자라고 있으리라고는 생각지도 못했다.

뜬눈으로 밤을 세우고 굳은 각오로 수술을 결정했다. 그리고 병원으로 향했다. 부모님들께 염려를 끼치지 않기 위해 알리지도 못하고 입원을 했다. 그러나 수술하자는 의사 선생님 말씀에 하늘이 무너지고 땅이 꺼지는 것 같아 다리가 떨려 그대로 있을 수가 없었다. '왜 나에게 이런 고통을….' 눈물로 밤을 지새고 수술을 준비하며 합력하여 선을 이루실 주님을 기대했다. 아니 기대할 수밖에 없었다. 뼈를 깍는, 피를 말리는 컴컴한 터널을 통과하여 5시간의 대수술을 마치고 마취에서 깨어난 내 모습은 처절함 그 자체였다. 장시간 수술로 인한 큰 고통으로 중환자실로 옮겨졌고 남편은 나의 고통을 대신해 주었다.

수술 시간 동안 C.C.C.의 연쇄기도와 교회 식구들의 헌신적인 기도가 모아졌고 성령이 탄식하는 기도 현장을 만들었다. 수술 전날 하나님이 주신(시 103:3~5) 말씀처럼 "모든 죄악을 사하시며, 좋은 것으로 네 소원을 만족케 하사 네 청춘으로 새롭게 하심"을 응답하셨다. 입원 기간 동안 기도와 격려의 끈끈한 애정으로 찾아 주시고 자신의 일처럼 아파하시며, 도와주신 사랑이 고마웠다.

정금같이 나오리라

　주님이 기뻐하시는 질그릇으로 빚어내는 진통을 경험하며 정금으로 연단하시는 1차 수술을 마친 뒤 암에서 해방된 듯 더 열심히 살았다. 수술 결과도 좋고 염려하지 말라는 말을 믿었던 것이다. 제2의 생명을 얻은 것처럼 좋았다. 암은 까마득한 옛이야기처럼 바쁘게 살았다. 암이 무섭다는 생각도 없이 사역에 헌신을 다하는 삶은 날마다 감격이었다. 이 기간 동안 캠퍼스 전도와 교회 제자훈련, 대학생 제자훈련과 목포C.C.C. 무료급식소를 담당하며 주님이 주신 삶을 신나게 살았다. 수술한 뒤 몸 관리에 신경쓸 겨를도 없이 열심히 전도하고 봉사했다.
　그러나 2년 뒤에 검사 결과 암세포가 또다시 커 가고 있다는 말을 듣고 주저앉고 말았다. 친정에 모든 사실을 알리고 힘든 발걸음으로 입원 수속을 마쳤다. 끊임없는 무서운 항암제 투여와 방사선 치료를 시작했다. 평안하던 친정집의 분위기는 너무도 침울하고 무거운 그늘이 내려앉기 시작했다.
　가을에 입원하여 겨울을 넘기고 병원 정원에도 봄이 왔다. 6개월 간 해가 지나고 달을 넘기며 계절이 바뀌는 병상 투병 생활. 병원 특유의 알콜냄새, 간호사, 의사, 주사기, 환자복, 응급실 이따금씩 앰블런스의 요란한 소리 등 병원이 생소했던 나에게도 모든 것이 안방처럼 익숙해졌다.

지독한 항암제 투여로 탈모증에 핼쑥한 모습, 구토증, 강한 주사약으로 혈관이 굳어가는 힘든 나의 모습은 TV에서나 보았던 그 몰골이었다. 이런 고통도 안타깝지만 간혹 불안해 하며 생명에 대한 애착으로 가난하디 가난한 마음이 애처롭기까지 하다. 무엇보다 주님 위해 뒤돌아보지 않고 헌신했는데 이런 병으로 하나님의 영광을 가리는 것 같아 너무 괴로웠다. 교회에서 믿음 약한 신자들이 "김현주 간사 봐라. 열심히 예수 믿어도 병 걸렸잖냐." 하는 소리를 들었을 때는 가슴이 내려앉아 얼굴을 들 수가 없었다.

"항암제가 들어가면 머리가 빠지게 됩니다. 마음의 준비를 하세요." 처음에는 애써 담담하려고 노력했는데 막상 의사로부터 치료 진행과정을 들으니 정말 내가 암환자가 됐다는 실감이 났다. 그 힘들다는 항암제를 열두 번이나 맞아야 한다니, 내 인내심이 얼마나 견뎌낼 수 있을지 의문이었다. '모든 것은 하나님이 다 알아서 해 주시겠지.' 라고 생각하면서도 두렵고 떨리는 마음은 어쩔 수가 없었다.

첫 번째 항암치료가 시작됐다. 주사를 맞고 아무런 느낌을 가질 수 없었던 내게 며칠 뒤 고통이 찾아왔다. 속이 뒤틀리면서 구토가 시작됐다. 텅 빈 뱃속에서 뭐 그리 나올게 많은지 토하고 또 토했다. 생각만으로도 구역질이 났고, 나중에는 아무 것도 나오지 않는 헛구역질을 해대며 변기를 붙들고 주저앉아 엉엉 울었다. 너무 힘들고 괴로워서 차라리 죽는 게 나을 것 같았다. '암환자의 고통이 이런 것이구나.' 하고 뼈저리게 느꼈다.

첫 치료로도 사람이 이렇게 녹초가 되는데 앞으로 더 해야 한다고 생각하니 눈 앞이 캄캄했다. 그러나 힘이 들 때마다 십자가에 달리신 예수님을 생각했다. 침대에 누워 아픔을 참기 위해 성경책과 빽빽이 적은 중보기도노트를 가지고 씨름했다.

2차 치료를 하고 집으로 돌아온 어느 날, 부시시한 머리를 쓸어내리던 중 깜짝 놀랐다. 손에 한 움큼씩 잡혀 빠진 머리카락. 그러고 보니 잠자리 주변이 온통 머리카락이었다. 머리에 손을 댈 때마다 뭉텅뭉텅 머리카락이 부스러져 나왔다. 잠깐 멍해졌다. 예측은 했지만 막상 이런 일이 닥치니 가슴이 철렁했다. 곧 새로 자랄 것이라고 의사는 말했지만 마치 여성성을 잃어버리는 것 같은 느낌이었다.

친정 엄마는 나를 미용실로 데리고 가서 가위로 머리를 잘라냈다. 금방 중학생 소녀 같은 모습이 됐다. 거울을 보며 울다가 웃어 버렸다. 이렇게 금방 마음을 바꿀 수 있었던 것은 바로 확실한 믿음 때문이었다. 미용실을 나올 때 나는 예쁜 모자를 쓴 아름다운 모습으로 바뀌어 있었다.

유방암 선고를 받고 가슴을 도려내고도 암세포가 임파와 늑골까지 번져 뼛속을 뚫고 골수까지 침투하여 참을 수 없는 고통 속에 가느다란 생명을 지켜왔다. 이런 고난 속에도 너무도 밝고 명랑한 모습에 보는 사람마다 다 나은 것으로 생각했다. 그랬음 얼마나 좋겠나. 그게 내 희망사항이었다. 기도제목이었다.

그러나 아침엔 눈 뜨기가 정말 힘들다. 차라리 눈을 감았으면 좋겠다 할 정도로 힘이 부친다. 마음이 약해질 때는 악몽에 시달리고 숨이 꼴깍 넘어갈 것 같은 고통을 한바탕 치른 후 겨우 선잠에 든다. 이부자리는 밤새 흘린 식은 땀으로 흥건히 젖어 있다. 손가락을 가만히 움직여 본다. 발가락도 꼼지락 꼼지락 비벼본다. 그리고 '아, 살아 있구나! 하나님 오늘도 감사합니다.' 하곤 자리에서 일어난다.

이렇게 힘든 가운데서도 하나님은 나를 그대로 두시지 않으셨다. 세상에서 가장 침울한 곳, 희망이란 찾아보기 힘든 암병동에서 치료에 대한 확실한 보장도 없이 내일이 염려되는 고통 속에 검사, 검사, 또 검사를 받고 있는 환자들의 마음을 이해할 사람은 같은 처지에 있는 환자밖에 없다. 투병 가운데서도 하나님은 나를 사용하고 계셨다. 병실에서는 어디서 오는지 모를 평안함이 있었고, 이런 나를 환자들은 좋아하고 나를 만나기를 원했다. 같은 처지의 사람들을 만나 그들의 말을 들어 주고 용기를 주자, 나를 만나면 마음이 평안해진다고 고백하기 시작했다.

환자들이 들어오면 그들을 향해 기도하고 관계를 맺은 후 4영리로 전도하기 시작했다. 내가 있는 병실에 들어오면 누구든지 나의 전도대상자였다. '절박한 저들의 심정을 이해할 수 있는 나를 이렇게도 사용할 수 있구나.' 라고 생각하니 감사가 되었다. 이렇게 나의 병상일기는 늘 감사로 채워져 있고 주일이면 휠체어로 병원교회에 전도한 자와 함께 예배드리는 감격이 있었다.

어느 날부터는 환자가 입원하여 같은 병실에 들어오면 그들을 위하여 기도하였다. 마침내 전도할 기회를 얻어 환자 아내는 내가, 환자의 남편은 나의 남편이 전도를 하였다. 주일날 병원교회에서 예배하는 날 그들 부부가 감사하며 눈물을 흘리는 것을 보면서 우리를 사용하신 하나님을 찬송했다.

이 견디기 어려운 고난 속에 식구처럼 같이 아파해 주고, 돌봐주신 믿음의 동역자들이 힘이 되어, 주저앉고 싶을 때 일으켜 세워주는 격려로 주님의 손을 붙들고 승리를 경험했다. 참으로 어렵고 힘든 병이기에 "힘으로도 되지 아니하며 능으로도 되지 아니하고 오직 나의 신으로 되느니라."(슥 4:6)라는 주님 말씀 붙잡고 기도하며 주님의 인도를 받고 살아간다.

하나님의 손에 매달린 생명

　투병하던 중 항암제 투여와 골수이식의 끔찍한 치료를 받고 집에서 몇 개월 동안 회복을 하던 중이었다. 그러나 얼마 전, 정밀 검사 결과 허리뼈에 암세포가 커지고 있다는 소식에 그간의 기대가 순식간에 무너졌고 눈물을 흘리며 허탈해 견딜 수 없었다. 그렇게 기도하며 매달려 왔고, 모든 체면을 뒤로 하고 동역자들에게 기도를 부탁하면서 승리의 소식을 얼마나 기다렸는데, 할 말이 없었다. 남편과 마주치는 시선도 너무 안쓰럽고 측은하다.
　이제는 어떻게 한단 말인가? 병원에서 치료할 수 있다는 방법은 모두 사용했고, 대수술과 독한 항암제로 더 이상 치료할 수 없는 체력과 보통 10배의 독한 항암제를 투약했는데도 암세포가 커지고 있으니 이제 더 이상 치료 방법이 없다. 피를 말리는 컴컴한 터널을 통과하는가 했더니 또다시 답답한 가슴으로 조여 온다. 멍하니 넋 나간 사람처럼 먼 산만 쳐다본다.
　그러나 병원에서 자신의 몸도 가누지 못하던 때에도 전도했던 내가 이제는 집에 있으면서 조금씩 걸을 수 있어 전도하는 사명을 다하며 그들을 말씀으로 가르친다. 날마다 새벽기도와 오후에 교회에 나가 앉기 힘들면 긴 의자에 누워서 기도하고, 하나님의 손에 매달려 승리를 확신하며 씨름을 했다. 하나님밖에 기대할 수 없다. 그간에도 그랬지만 다른 길이 없다.

병원에 입원하여 독한 항암제를 견디기 어려울 정도까지 주사해서, 정상 세포까지 파괴되었다. 무균실에서 2주 정도 회복받으며 조혈모 세포(피 만드는 세포)를 이식하게 되는데, 이것만 생각하면 눈물이 앞을 가리고 생각하고 싶지 않게 마음이 무거워진다. 척추뼈에 전이되어 너무 악화된 상태여서 하나님만이 하실 수 있는 영역임에 너무도 괴롭고 처절한 싸움이 힘겹다.

5개월 간의 항암치료를 받고 골수이식센터에서 나의 골수를 채취하여 모았다. 마취를 하고 엉덩이 부분에 대바늘을 꽂고 7시간씩 온몸의 피를 뽑았다. 조혈모만 걸러내고 다시 피를 혈관에 넣는 치료였다. 골수를 걸러내는 특수 기계의 장비소리와 무거운 분위기 속에 그대로 누워서 두 번을 7시간씩 채취한 뒤 냉동 보관을 하게 되었다. 보통의 10배가 되는 강한 항암제를 투여한 후 모든 혈액 속에 세포의 균을 소멸시켜 모아 두었던 조혈모 골수를 다시 넣어 주었다. 골수이식하며 새로운 피를 만들게 하는 백혈병 치료와 같은 치료 방법이다.

독방 무균병실에 들어와서 치료받은 지가 5주째가 되어 가고 있었다. 설사를 하루에도 수십 번하며 구토로 속은 매스껍고 정신은 몽롱하고 아무 생각도 없었다. 주님을 부르다가도 주님을 부를 힘조차 사라질 때도 있었다. 정신나간 사람마냥 멍하니 누워 있었다. 마음이 약한 사람은 치료 중에 정신이 돌 수도 있겠다는 생각이 들었다. 너무도 힘들면 수면제로 잠을 청했다.

조혈모 골수를 다시 넣은 뒤 2~4주가 가장 위험한 시기라고 했다. 강한 항암치료와 방사선 치료로 면역체계가 약해진 데다 이식된 조혈모 세포가 정상 혈구를 생산할 때까지 감염이나 출혈에 아주 민감하다. 그래서 외부와 차단된 무균병실에서 40여 일간 감옥 아닌 감옥 같은 생활을 하게 되었다. 구토와 설사로 밥 한 톨 먹지 못하고 지냈다. 감염 때문에 보호자도 들어올 수 없어 유리창 너머로 면회를 했다. 남편은 독한 항암제로 새까맣게 탄 나의 얼굴을 보고 눈물이 앞을 가려 말을 잇지 못했다. 뜨거운 눈물이 나의 뺨을 타고 내려왔다. 아이들이 엄마에게 드리라고 보낸 성탄카드도 무균병실에 들여 보낼 수 없어 창너머로 아이들 선물을 보여 주고 갔다.

같은 혈액형을 가진 20여 명이 비상으로 대기했다가 위급하면 수혈해 준 생명 같은 분들의 소중한 사랑을 잊지 못한다. 인간이 경험하는 극한의 고통을 신음 속에 견디며 병원 무균병실에서 골수이식을 하였다.

마음으로 기쁘게 자원한 48명의 소중한 형제들의 혈소판 헌혈로 생명을 나누어 받으며 지독한 항암제로 모든 세포가 망가지고 독한 약의 부작용으로 피를 말리는 살얼음판 같은 생명을 주님께 맡기며 동역자들의 비상한 기도로 퇴원하여 집에서 회복을 신경쓰고 있다.

생명을 건 기도

　투병에 함께 울고 같이 아파해 주신 나를 아끼는 분들의 사랑이 고마웠다. 6시간의 대수술과 지독한 항암제 투여로 초췌하게 망가진 몸과 걷지 못하고 누워서 지내는 인간의 한계 상황이 안쓰럽지만 자신과의 싸움은 더욱 처절하기만 했다.
　어려움 속에 성령의 강한 역사로 하나님의 능력을 체험하고 위로받고 있으며 매일 두 번씩 가까운 전주 안디옥교회에 휠체어를 타고 가서 생명을 건 기도를 드렸다. 병상에서만 기도하다 성전에서 마음껏 기도할 수 있어 답답한 영의 갈증이 채워져서 살 것 같다.
　해골 떼에 생기가 임하여 뼈와 뼈가 연결되어 새로운 하나님의 군대가 된 것처럼 성령의 생기로 하나님의 기적이 임하여 암세포가 소멸하기를 절박하게 기도했다. 실망하지 않고 계속 기도에 능력이 나타나도록 기도의 손을 붙들고 있는 동안 눈물과 사랑으로 힘이 되어 주신 동역자들의 은혜가 고맙기만 했다.
　병실에서 소리내어 기도할 수 없어 병원 봉사실에서 기도하다 그간 기도의 절제된 소욕이 순식간에 터져 눈물 범벅이 되었다. 기도하던 중 봉사하는 분이 들어와서 기도를 못하게 했다. 그대로 물러설 수 없어 다시 조용한 강당을 찾았다. 남편이 침상채로 끌고 가서 침상 네 귀퉁이를 매어 놓은 중풍병자처럼 하나님께 침상채 내려 놓고 한없이 기도하는데, 기도 소리를 듣고 한 분이 들어오셔서 감동이 되어 함께 기도했다. 나중엔 병원에서 가까이 하는 기도의 동역자가 되어 서로를 위로하며 투병에 큰 힘이 되었다. 남편은 하루 세 번씩 다니엘처럼 가까운 안디옥교회에 나가 생명을 건 기도를 하고, 친정엄마는 '대신 나를 데려가 달라.'고 한 맺힌 기도를 했다.

가을비에 태풍이 북상 중이다. 전주 안디옥깡통교회의 넓은 예배실은 어느 누구에게도 방해받지 않아서 좋고, 언제나 열려 있어서 기도하기에 좋다. 비가 오는데 휠체어 타고서 교회에서 기도한다. 눈도 비도 막을 수 없는 나의 기도행전이다. '성령이 가을비처럼 내리게 하소서, 성령의 바람이 태풍처럼 불게 하소서.'

나의 담당의사는 "이 사람은 어지간해서 아프다는 소리를 하지 않는 사람이니 알아서 돌보라."고 다른 의사들에게 지시하기도 해서 나는 훨씬 지독한 사람이 되기로 작정하고 더욱 하나님께 매달렸다.

골수이식을 위한 마지막 개인 무균병실의 치료는 감옥이었다. 평소 항암제보다 10배 강한 항암제 투여로 암세포와 정상세포를 다 죽이는 치료로 한 달 동안 밥 한 톨 넘기지 못하고 토하고 설사를 하루에도 수십 차례씩 반복했다. 40도의 열이 오르고 오한이 들어 아랫 치아와 윗 치아가 부딪치는 소리가 다른 병실에 들릴 정도로 떨면서 치료했다. 그런 가운데도 나와 중상이 같은 자매를 설득해서 예수를 믿게 했던 시간들은 주의 은혜였다.

무균병실 치료로 해를 넘기고 크리스마스와 설날을 지나서 생명의 살얼음판을 걸으며 창자를 에이고 뼈를 깎는, 피를 말리는 과정을 건너 몸은 망가질 대로 망가져 꼴이 말이 아니다. 주사대에 5~6개의 주사액이 걸려 있다. 쳐다보고 있으면 현기증이 난다. 간호사들이 와서 한 주먹씩 먹을 약을 주지만 거의 먹지 못하고 토하는데, 백혈구 검사를 위해 날마다 한 대롱씩 피를 뽑아가자 혈관이 없어졌다. 항암제 투여로 떨어진 백혈구 수치가 올라가야 하는데 백혈구 수치가 오르지 않으면 상심이 되고 의사에게 물어 보기도 두렵고 간호사들도 안타까워 말을 못했다. 마음이 천근만근 내려앉는다. 실망을 하지 않기로 마음은 먹었지만 마음에 상심의 그늘이 가득하다. '인간의 나약함이 이런 것이구나.' 수치 하나에 마음이 기쁘고 슬프고 한없이 연약한 인간이다. 하나님께 호소하면 할수록 하나님은 더 멀리 계신 것 같았다. 이렇게 극한 상황 중에도 나로 하여금 절망하지 못하게 한 힘은 C.C.C.와 교회 성도들의 눈물어린 기도였다.

병원에 나를 남겨 두고 금식수련회에 참석하기가 어려워 남편은 주저하더니 결국, 계획을 바꾸어 금식하며 기도하기로 결단하고 C.C.C.금식수련회에 참석했다. 남편은 파송예배 때의 설교를 녹음

해 와 그 설교테이프를 주었다. 항상 기도하고 낙망치 말라고 격려하며 남편은 설교테이프를 틀어 준다. 병원의 힘든 상황에서 실망치 않고 기도할 수 있게 설교테이프를 들으며 기도의 힘을 얻었다.

파란만장한 생애

　1995년 10월, 유방암 수술로 한 달간 입원 후 퇴원하였다. 초기라 안심했는데, 1997년 재발하여 11월부터 9개월 동안 재수술과 6차례의 항암제 치료로 머리가 빠지고 방사선 치료로 흉악한 몰골로 변하게 되었으나 이미 암은 뼈까지 전이된 상태가 되었다.
　통증이 심해지면서 하반신이 마비되고 발가락만 움직이게 되어 1999년 6월, 입원하여 전이된 척추를 끊어 내고 철로 연결시키는 7시간의 대수술 끝에 다시 걸음마를 배우며 조금씩 걷게 되었다. 그러다가 개인 무균병실에 들어가 평상시보다 10배 독한 항암제를 맞으며 혼자서 투병하였다. 그 무서운 독방 병실, 간호하는 식구들도 들어갈 수 없어 그저 창문으로 하루 30분씩 면회하는 감옥 같은 생활, 크리스마스와 연말 연시를 병실에서 보내며 쓸쓸하게 투병하고 퇴원했으나 몇 개월 후 온몸의 통증으로 2000년 11월, 다시 입원하면서 인생의 밑바닥을 헤매며 파란만장한 삶을 살았다.
　다리가 마비되어 움직일 수 없어 손으로 다리를 움직여야 소변을 볼 수 있게 되었을 때 의사는 발가락을 만지면서 몇 번째 발가락인지 물어 보며 감각테스트를 했다. 발가락까지 마비되는 심각한 상황까지 와서 드디어 수술을 결정하게 됐다. 그런데 수술이 너무 어려워서 수술 중 죽을 수도 있기 때문에 동의서에 사인을 하라는 것이다. 남편은 이 말을 듣고 고민 고민하다 하루 동안 결정을 연기했다. 결국 최후의 수단으로 수술을 결정할 수밖에 없었다.

너무 힘들게 수술을 결단하고 수술실로 가려는 순간 김준곤 목사님께서 병실로 전화를 주셨다. 전화를 통하여 눈물로 기도를 해 주신다. 살아서 만나 뵙고 감사를 드리려고 굳게 다짐하며 수술실로 향했다. 대소변 받아 내고 다리에 감각도 없는 상태에서 최후의 선택이었다. 그리고 하나님을 신뢰하며 간절히 기도했다. 늑골이 너무나 녹아서 수술 그 이후는 의사도 장담을 하지 못했다. 중환자실에서 회복을 기다리는데 사단의 역사가 너무 심했다. 악몽에 시달리게 했다. 남편이 계속 찬송을 하자 마음이 평안해지면서 잠을 잘 수가 있었다. 척추를 쇠파이프로 연결하는 수술을 하고 난 다음 가슴과 허리를 세워 주는 백브레이스를 하고 환자용 보행기로 애기처럼 걸음마 연습을 했다. 3개월을 걷지 못하고 누워 있어서 다리는 마를대로 마르고 힘이 없었다. 한 발짝을 걷는다는 것은 너무 고통이었고, 걷는 것이 아니라 발을 질질 끌고 다니는 것이었다. 그러면서 병원 복도를 왔다 갔다 연습을 했다. 다른 암환자들도 내 병세가 너무 심해서 측은하게 생각했다. 지나가던 환자들의 시선도 나만 쳐다보는 것 같아 너무 뜨겁고 견디기 힘들었다.

'내가 정말 걸을 수 있을까?' 의심도 갔지만 서서히 다리에 조금씩 힘이 생기자 휠체어를 탈 수 있게 되었다. 그래서 24시간 늘 열려 있는 안디옥교회에 나가 앉아서 기도 할 수 없어 누워서 기도했다. 기도하고 기도하면 기적이 일어나서 곧 걸을 수 있을 것 같은 느낌이 왔다. 하지만 다리는 문어 다리처럼 흐느적거리고 한 발짝도 걸을 수도 없어서 다리를 휠체어에 내 손으로 옮길 수밖에 없는 처절한 시간이었다. 그러나 무균실에서 골수이식 수술을 하게 되면서 인간이 경험하는 극한의 고통인 항암제 투여와 40일 동안 밥 한 톨 먹지 못하고 한 주먹씩 주는 각 종류의 약을 목에 털어 넣고 설사를 하며 토하고, 현기중 나게 많이도 달려 있는 주사약들로 성경도 볼 수가 없었다. 그러면서도 하나님을 사랑한다는 고백을 늘 새롭게 했다. 당시 다른 무균실에서 치료하는 나와 똑같은 환자에게 전화를 통하여 예수를 전하는데, 전에는 그렇게 강하게 거부하더니 극한 고통을 경험하자 예수님을 영접하게 되었다. 얼마 후 그 자매도 하나님 나라로 갔다. '이 자매를 구원하기 위하여 나를 이곳으로 인도하셨구나.' 라고 생각하니 하나님의 은혜가 놀랍다. 나는 너무 많은 사람들의 중보기도의 은혜를 경험해서 기도로 갚아야 한다는 책임이 있다.

생명을 나눈 형제들

피야말로 신비스러운 물질이다. 피가 낭자한 도살장을 본다면 기절할 상황이지만 피 흘리는 권투 경기를 보면서 흥분하기도 하고, 전쟁에서 피 흘리는 사람을 보면 동정심이 생긴다. 피는 물보다 진하다고 했던가! 의형제를 맺은 인격 약속을 할 때 피로 약속하고, 자기 주장의 관철을 위하여 혈서를 쓰기도 하며, 오늘날 만병의 원인을 피검사로 진단하기도 한다.

사람이 삶을 영위하기 위해 어느 신체 부위할 것 없이 모두가 소중한 것이지만 피야말로 생명처럼 귀중한 것이다. 육체의 생명은 피에 있다고 성경은 말한다. 위독한 생명을 구해야 하는 순간에 피가 부족하여 소중한 생명을 잃는 경우도 있다. 현대를 살아가는 우리에게 헌혈이야말로 아름다운 선행이며 함께 더불어 사는 사회를 만들어 가는 생명 같은 덕목이다.

헌혈자를 구하기가 참으로 어려운 상황에 자신의 생명처럼 팔을 걷어 부치고 생명을 나누어 준 48명의 전주, 익산, 목포 C.C.C., 빛과소금교회, 전주 안디옥교회, 헌혈자를 구한다는 소식을 듣고 자원하여 연결시켜 주신 전봉권 교감 선생님과 전주 상산고 학생들, 혈소판 성분 헌혈로 절차도 까다롭고 헌혈 시간이 1시간 30분이나 걸려 큰 결단이 요구되는 데도 기쁜 마음으로 헌혈해 준 순수하고 고마운 분들께 고개 숙여 감사를 드린다.

생명의 위급한 상황에서 수혈이 필요하면 헌혈해 달라는 요청이 피를 말리는 것처럼 어렵고, 말이 안 떨어지는데 자신의 생명처럼 진심으로 자원해 준 하나님의 천사들이 한없이 고마워 눈물로 감격하기도 했다. 하나님의 사랑이 아니였으면 어떻게 이런 소중한 사람들의 은혜를 누릴 수 있는가 생각하니 하나님께 깊은 감사를 고백하지 않을 수가 없다.

더욱이 어렵게 헌혈자를 구하는 상황을 알면서도 나와 똑같은 상황에서 내가 조금 더 호전되자 이런 생명의 위급한 시간에 그 분을 전도하기 위해 헌혈자의 혈소판을 그 환자에게 줄 수 있는 마음은 주님이 주신 사랑이었다. 결국 이 환자는 완강히 거부하더니 드디어 예수를 영접하고 하나님의 부름을 받는 하나님의 계획을 보게 했다.

사람은 혼자 살 수 없다. 남편은 고등학교 시절, 라디오 방송을 통하여 병원에서 AB형 헌혈자를 찾고 있다는 긴급 뉴스를 듣고서 허겁지겁 달려가 헌혈했던 까마득히 잊었던 사소한 과거일이 문득 생각이 난다고 했다. 성경은 심는대로 거둔다고 했던가, 남편이 고등학교 때 헌혈로 심은 씨앗을 내가 열매로 거두고 있는 것이다.

손을 내밀어 함께 더불어 살아갈 때 삶은 더 풍요로워지고, 따뜻하고 행복한 세상이 만들어지는 것이다. 지금 이 순간에도 어둡고 추운 그늘에서 고통받고 있는 생명들이 우리의 따스한 손길을 기다리고 있다.

기독교의 상징은 십자가이고, 기독교는 피의 종교, 생명의 종교이다. 인격과 명예를 상징하는 피는 생명을 나누는 고결한 삶이다. 성경은 피의 사건이다. 예수의 피는 온 인류를 살리는 보혈이며, 예수의 피를 수혈받는 영혼은 구원함을 받는다.

주여! 헌혈한 형제들이 더 강건케 하시고, 수혈받은 피가 예수의 피가 되어 생명 살리는 능력의 피가 되게 하소서.

| 병상일기 |
전도는 쉴 수 없어 (1998. 2. 20)

　요사이 며칠 전부터 내게 믿음이 생겼다. '하루 세 번 다니엘처럼 기도하며 하나님께 감사의 찬송을 드리게 하소서.' 라는 믿음이다.
　하나님이 현주와 함께 계신다. 주님이 나와 함께 계신 것을 보면서 참으로 기쁘기가 한량 없다. 마음이 답답하지만 하나님이 이루실 주의 일을 기대한다. 시간을 내어 암환자에게 복음을 전해야겠다. 하나님의 인도하심을 받도록, 그리고 기도로 그들이 예수님을 영접하도록 기도해야겠다. 하나님의 선한 인도하심을 바라고 기도한다. 이 시간들을 잘 지내고 주의 선한 인도를 받고 싶다. 어떻게 이 시간들을 주의 영광을 위해 사용할 수 있을까? 모든 것을 주님께 맡기고 주의 인도하심을 바라자.
　서울대 전자공학과에 다니는 학생이 내 병실로 들어왔다. 자신만만한 엘리트로 살았던 그 학생은 누구에게든지 전도 받기를 거부했다. 자신보다 더 심한 상황인 내가 4영리로 복음을 전하자 순수하게 영접하는 것이다. 그 형제가 묻기를 "나 죽으면 어떻게 되지요?' "예수님을 영접했으니 천국에서 영원히 사는 거야. 우리에게는 천국의 소망이 있어." 나보다 상태가 더 좋았는데 잠깐 퇴원하여 내가 집에 다녀 온 사이에 형제는 천국에 갔다.

암환자의 마음은 같은 시련을 겪고 있는 사람만이 알 수 있다. 투병하며 불안해 하고 있는 환자들에게 나의 경험을 들려 주며 자신감과 희망을 잃지 말라고 격려한다. 내 몸도 가누기 힘들지만 복음은 묶을 수가 없었다. 방사선 치료를 받는 사람들에게 다가가서 같은 처지에서 상태를 물어 보고 친구관계를 맺으며 그들에게 그리스도를 전하기로 했다.

자궁암이 줄지 않아 수술도 못하고 방사선 치료만 하고 있다는 새댁 때문에 마음이 아프다. 항암제 주사도 효과가 없어 측은하고 괴롭다. 그녀를 위해 기도를 시작했다. 하나님의 인도하심를 기다리며 긍휼을 베풀어 주시기를 기도드린다. "부디 이번 기회로 예수님을 알고 믿게 하옵소서. 하늘의 소망을 얻게 하옵소서. 하나님의 능력을 믿고 기도하오니 방사선 치료받으러 다니는 암환자들을 위로하시고, 가톨릭 신자 부부, 폐암 아저씨에게 긍휼을 베풀어 주옵시고, 근심스러워 보이는 아주머니에게 자비를 베풀어 주시고, 주님을 전하게 하옵소서. 내 병이 하나님의 영광을 드러내게 하옵소서. 내 주위와 친척들에게 여호와의 영광이 드러나는 놀라운 일이 일어나게 하소서. 할렐루야, 아멘!'

| 병상일기 |
나처럼 행복한 사람이 있을까?
(1999. 6. 26)

자다 일어나 주님을 묵상한다. 왜 이리 행복한지 모르겠다. 천하에 나처럼 행복한 사람이 있을까? 주님 한 분만으로 만족해서 행복할 수 있다니 이것이 큰 행복이다. 주님의 은혜라 생각하니 마음이 벅차 올라 이 아침에 하나님께 내 사랑을 전한다.

전혜란 씨가 위암 수술을 받고 그리스도인이 되었다. 남편과 함께 그 부부에게 한 사람씩 4영리로 전도하고, 문병 온 그 친구 또한 그리스도를 영접했다. 천국에서는 얼마나 큰 잔치가 벌어질까? 나에게 복음 전할 축복을 주신 하나님이 고맙다.

하나님은 영혼을 구원하시려고 능력이 부족하고 연약한 우리 부부를 통해 격려를 주신다. 인간의 가장 미말에 두신 것 같지만 주님은 우리를 들어서 사용해 주시고, 당신의 나라 확장에 써 주신다. 아직도 당신 곁에서 복음 전할 수 있도록 은혜를 베풀어 주셔서 진심으로 감사를 드린다.

전도대상자가 예수 믿고 교회에 등록할 수 있도록 기도하며 전

도편지를 보냈다. '하나님이 인도하셔서 주님 나라 확장에 나를 사용하소서.'

정신적 스트레스와 통증 때문에 잠을 이루지 못한 환자들을 밤중에 일어나 돌보고 위로와 격려로 힘이 되어 주었다. 힘들어 할 때 찬양 테이프를 선물하여 듣게 하고 고통을 이기라고 격려했다. 나에게 찬양을 불러 달라고 부탁하기도 한다. 힘들면 의사보다 나를 찾는 것이다. 나를 보면 더 위로가 된다는 것이다. 이런 몸으로 다른 사람에게 힘이 된다는 사실이 우습기도 하다.

"나의 달려갈 길과 주 예수께 받은 사명 곧 하나님의 은혜의 복음을 전하는 일을 마치려 함에는 나의 생명을 조금도 귀한 것으로 여기지 않겠다."는 사도 바울의 고백이 오늘 아침 이런 상황에서 내게 나온다. 나를 통해서 어떤 형태로든 복음이 전해지는 것을 기대해 본다.

| 병상일기 |
감사! 감사! 감사! (1996.6.28)

샤워하던 중 몸이 무겁고 힘이 드는 걸 보니 병세가 깊어지는 것 같다. 그러나 믿음이 연약해지지 않고 견고하여져서 하나님을 신뢰한다. 나는 감사기도를 드리고 있으면 힘이 난다.

1. 아직도 샤워장에서 샤워할 수 있어서 감사.
2. 옷을 벗고 머리를 감을 수 있어서 감사.
3. 휠체어 타기도 어려웠는데 휠체어로 검사실까지 갈 수 있어서 감사.
4. 문병 온 사람들에게 오히려 나의 평안한 모습으로 격려가 되게 해 주셔서 감사.
5. 계속적으로 찾아온 사랑과 격려에 감사.
6. 순간 순간 생각나는 것을 기록하고 책으로 출판되어 목포 C.C.C. 센터 건축에 사용되어질 것을 감사.
7. 태신자들을 위해 기도하고 편지 쓰며 다른 사람을 배려할 수 있는 마음을 주셔서 감사.

8. 오늘 순원들에게 편지 쓸 수 있어서 감사.

9. 전도해 놓고 관심 갖지 못했는데, 오늘 그들이 문병 와서 관심 갖고 격려할 수 있게 주셔서 감사.

10. 진통제로 통증을 참을 수 있어서 감사.

11. 사도 바울은 먹지 못하고 자지 못하고 태장으로 맞았는데 병원으로 오시는 친정 엄마와 언니의 정성스런 음식 공급과 보살핌에 감사.

12. 남편이 간호하면서 나를 위해 다니엘처럼 하루 세 번씩 기도해 준 극진한 헌신에 감사.

13. 병원비 재정을 후원자들이 보내 주셔서 감사.

14. C.C.C.와 교회가 계속 기도의 동역으로 격려해 주셔서 감사.

15. 병원으로 인도해서 복음 전하게 해 주셔서 감사.

16. 왼쪽으로 누어서 환자들을 상담할 수 있으니 감사.

17. 반듯이 누워서 편지 쓰고 책 보고 생각하고 기도할 수 있어서 감사.

18. 환자들에게 누워서 복음을 전할 수 있어서 감사.

19. 오늘 남편의 헌신적인 사랑으로 샤워하고 시원하게 누워서 기도할 수 있어서 감사.

20. 고통 속에서도 감사할 수 있는 마음을 주셔서 감사.

| 병상일기 |
평강으로 인도해 주신 하나님
(1996. 6. 26)

　10시 30분쯤 몸에서 열이 났다. 이제는 지치고 내 한계점에 도달한 것 같았다. 기도도 못할 것 같고 망망대해에서 배를 타고 나홀로 어디로 가야될 지 모르는 그런 기분이다. 마음에 어두움이 몰려오면서 기도도 못하겠다. 엄마에게 몸을 닦아 주도록 하고 양치질을 하고서 어렵게 기도하는데 졸렸다. 그리고 깊은 잠에 의사들이 회진하는 것도 모르고 곤히 잤다. 답답할 때 하나님이 깊은 잠에 들게 하시어 마음의 편안함이 몰려 왔다.
　"아무 것도 염려하지 말고 오직 기도와 간구로 너희 구할 것을 감사함으로 하나님께 아뢰라 그리하면 모든 지각에 뛰어난 하나님의 평강이 그리스도 예수 안에서 너희 마음과 생각을 지키시리라."
　말씀을 주시는 하나님을 생각하니 가슴이 설레인다.
　엄마는 집에 있으면 불안한데 나를 보고 있으면 그렇게 편안하다고 하신다. 하나님께서는 내 마음을 평안케 하시고, 나를 통해서 다른 사람들에게 평안을 나누어 주신다.

| 병상일기 |
내 모습 이대로(1996. 6. 28)

휠체어에 실려 있다 통증 때문에 겨우 병실 침대에 걸치다시피 누웠다. 나의 초라한 모습에 다른 환자들을 향해 고개를 들기가 너무도 부끄러웠다. 내 모든 것은 끝장이다. 이제는 이런 몰골로 복음을 전할 수 없다고 생각했다. 나의 모습이 너무도 초라하고 한심스러웠다. 모든 시선이 나를 쏘아보는 듯 따갑게 느껴졌다.

그런데 주님은 희한하게도 나를 사용했다. 앞 침대에 있는 위암 환자를 향해 복음을 전해야 한다는 갈등이 일기 시작했다. 그러나 거부하고 싶었다. '하나님! 입장을 바꿔 놓고 생각해 보세요. 이런 불편한 몸으로, 내 몸도 움직이지 못하는데 어떻게 복음을 전할 수 있겠어요.' 하나님도 이해할 거라는 마음이 들었다. 그러나 복음을 전해야 한다는 열망을 포기할 수가 없었다.

용기를 내어 환자에게 말을 붙였다. 같은 환자처지라 쉽게 마음이 열렸다. 누워서 4영리로 복음을 전하고 주님께로 인도했다. 하나님이 열매를 맺게 하신 것이다. 주일날 병원 교회에 가기 위해 남편이 나를 침상채 끌고 나가는데 함께 예배에 참석하겠다고 했다. 나는 너무 놀랐다. 이런 모습으로도 나를 사용하시다니….

영혼은 주님이 변화시키시지만 전하는 책임은 내게 있음을 가르쳐 주셨다. 산뜻하고 세련된 사람의 외모로 복음을 전하는 것이 아니라 어떤 상황에서도 주님은 일하시는 것을 보게 하셨다. 복음은 건강할 때 좋은 환경에서만 전하는 것이 아니라는 사실을 깨닫게 해 주셨다. 초라한 모습이지만 나를 사용하고 계시는 주님께 감사드렸다.

예수 그리스도는 십자가에서 벌거벗은 모습으로 모든 수치를 당하셨으나 부활로 승리하셨다고 가르쳐 주셨다. 주님은 너무도 초라한 모습으로 마굿간에 태어났고, 인간의 수치를 당하며 십자가에 달리셨다. 채찍과 조롱, 침 뱉음과 멸시, 천대, 어찌 창조주가 피조물에게 죽임을 당하는 초라함에 비하랴.

나도 이렇게 초라한 모습으로 주님 앞에 누워 있다. 걷지 못해서 기어다니고, 앉기도 힘들어 누워서 먹여 주는 밥을 받아 먹고 샤워를 어렵게 한 후엔 화장실 밑바닥에서 무릎 꿇고 흐느적거리는 다리로 바지를 입으려고 얼마나 힘들었던가! 대소변를 받아 내는 인간 이하의 모습으로 살아가는 나를 이 모습 이대로 받아 주신 주님은 나의 모든 것이다. 누워서 기도하고 입으로 전도하고 먹을 수 있음이 주님의 은혜이다. 그리고 묵묵히 이 고난의 풍랑을 받아들이는 남편과 나를 주님은 어떻게 인도하실지 기대가 된다.

| 병상일기 |
내 사역지, 병실 (1999. 7. 23)

　신경외과에서 3개월 치료를 끝내고 암환자 병동으로 옮겼다. 이곳 병원에 있는 동안 나의 사역지인 것같이 감사하고 과거에 너무 집착하지 않게 기도했다.
　같은 병실에 백혈병 환자인 연변 사람이 들어왔다. 그 사람에게 복음을 전하려 기도하다가 추석으로 인해 외출하고 돌아왔는데 그 날로 세상을 떠났다는 소식을 들었다. 마지막으로 복음 전하라고 주신 기회인데 주님께 순종하지 못해 마음에 걸린다. 생사의 갈림길 같은 병실이다. '복음을 부끄러워하지 않고 전하게 하소서.'
　오늘은 피부암에 걸린 남편을 가진 새댁에게 전도했다. 그는 불교신자였는데 주님을 영접했다. 십년만에 재발한 환자에게 전도했다. 영접기도를 따라하도록 하자 단순하게 주님을 영접했다. 병원에 있는 하루하루를 보람 있게 보내고 있다.

| 병상일기 |
"주님, 나 왔습니다" (1999. 9. 19)

　수술 후 4~5발짝이나 걷다니…. 이제는 복도도 혼자 걸을 만한 힘이 생겼다. 주일에는 왔다갔다 할 수 있을 것 같아 시도를 해 보았다.
　휠체어 타고 안디옥교회에 가서 주님께 "저 왔습니다." 인사하고 기도했다. 주님은 오고가는 과정을 다보고 계신다. 기도하고 오면 기분이 좋고, 잠도 곤하게 자고, 밤 중에 일어나 끙끙 앓은 일이 없다. 그리고 힘이 생기고 걷는 것도 좋고 하나님을 찬양하고 싶은 마음이 가득해져 얼마나 기쁜지 모른다. 교회의 긴 의자에 누워서 손을 들고 얼마나 하나님을 찬양했는지 모른다. "여호와를 기뻐하라 그리하면 네 마음의 소원을 이루어 주시리라."
　환자와 보호자들이 내게 인상이 좋다고 한다. 예수 믿고 마음이 평안하다고 하니 환자들에게 격려가 되는가 보다. "하나님, 고맙습니다. 다른 사람들에게 평안한 미소를 줄 수 있도록 내게 평안을 주신 것 감사합니다. 주님, 오늘도 복음을 전하게 하소서. 병실 전체 사람들과 교제하며 주님을 전하고, 천국으로 인도하는 사명 받았으니 잘 감당케 하소서."

| 병상일기 |
주님께 가고 싶은 마음
(1999. 7. 24)

　밤마다 잠도 못 자고 끙끙앓고 부대끼는 나를 보면서 이 모습 이대로 그냥 주님께 가고 싶은 마음이 얼마나 있었는지 모른다. 마음이 너무 지쳤다. 내가 언제까지 버틸지 의문이었다. "주님, 저 모든 것 준비되었으니 내 영혼을 받으소서."라는 말이 내 입에서 저절로 나왔다.
　그러나 새 아침을 맞이하여 또 주님을 의지하며 다시 일어선다. 어젯밤도 잠을 제대로 못 잤는데 새벽 5시 30분 정도에 하나님이 내 눈에서 눈물을 씻겨 주셔서 다시 일어설 수 있었다. 너무 짜증이 나서 감사하기가 힘들었는데, 결국 하나님의 손을 붙잡았다.

6 부드러운 카리스마

너무도 사무치게 그리운 아내

아내는 두 아이와 남편을 남겨 두고 주님의 품에 안기었습니다. 일생의 가장 애절한 기도를 주님은 무참히도 거절하셨습니다. 아내와 함께 모든 것을 얻었다가 아내와 함께 모든 것을 잃었습니다. 사람은 추억을 먹고 사는데 아름답고 사랑스럽던 과거의 추억을 이제는 생각하기가 싫습니다. 과거가 모두 사라졌습니다. 휴일이면 더 괴롭고 명절은 더욱 쓸쓸하고 외롭습니다.

아빠로, 엄마로 사역자로서의 역할을 한꺼번에 감당하다 보니 너무도 무거워 지난 시간 눈물없이 지난 날이 하루도 없었습니다. 아이들 깨워 밥 먹여 학교 보내고 텅 빈 방에서 허전함을 달래면 뜨거운 눈물이 쏟아집니다. 차를 타고 가다가도 아내 생각에 하염없이 눈물이 흘러 내립니다. 아이들을 즐겁게 해 주려고 얼굴은 웃고 있지만 가슴은 너무 안쓰러워 측은합니다. 엄마의 빈자리가 너무도 큽니다. 투병 가운데 일어서려고 몸부림치는 아내의 글들을 보면 가슴이 미어집니다.

몇 번이고 소식을 드리려고 펜을 잡았지만 눈시울이 뜨거워 하루하루 미루다 이제서야 용기를 내어 그간의 감사와 고마움을 전합니다. 5년 간 투병의 긴 터널을 지나 오면서 숨 한번 크게 쉬지 못했습니다. 긴 투병에 함께 아파하고 같이 투병해 준 사랑에 못다 갚을 크나큰 빚을 지고 살아갑니다. 시간이 지날수록 더 간절히 기도해 준 고마운 분들. 헌혈로 생명을 나누고, 그 많은 병원비를 감당해 주신 기적의 손으로 일으켜 세워 주신 격려는 이루 말할 수 없는 비밀한 감격이며, 하나님께서 꼭 기억하셔서 갚아 주셔야 된다고 간청합니다.

구수한 입담에 미니 스커트와 스카프 두르기를 즐겨했던 아내. 마음이 너무 곱고 활짝 머금은 미소에 흘러 나오는 영혼의 맑은 웃음소리와 생활 속에서 길어 올린 생생한 간증. 주님을 죽도록 사랑하여 소녀처럼 늘 웃던 아내. 밝은 원색의 악세사리로 꾸미기를 좋아했던 아내는 대학생 자매들도 부러워하는 분위기파에, 믿지 않는 사람들과도 자연스럽게 어울리는 열린 마음에, 사람들을 너무 좋아하여 분위기 좋은 커피숍에서 대화하기를 즐겨하였습니다. 그러나 이런 삶은 자신보다 상대방을 위한 배려였으며 복음을 위한 한 가지 소원이었습니다.

2~3시간을 기도해도 늘 즐겁게 기도하는 깊은 영성과 몸이 불편할 때는 매일같이 교회의 긴 의자에 누워 자신보다는 중보기도를 했으며, 무슨 강의를 해도 구수한 농담에 자신감 넘치는 명강의였습니다. 매년 C.C.C. 여름수련회마다 아내의 이성교제 특강은 단

골강의로 인기를 독차지했으며 제자훈련, 가정생활 세미나, 상담, 예비결혼학교 등 무슨 강의든 듣는 사람들에게 영혼을 흔드는 복음의 팔방미인이었습니다. 무엇보다 그의 전도 간증은 간사로, 사모로 복음의 열정에 사로잡힌 사도행전에서 뛰어나온 사람이었으며, 그와 관계된 모든 사람을 기도의 태 속에 넣어 두었던 그의 '전도대상자 노트'는 전도의 삶을 그대로 보여 주고 있습니다.

긴 투병 가운데도 감사와 기쁨을 간직하며 늘 평강으로 넘쳐나는 모습은 문병 온 사람들에게 오히려 격려와 힘이 되었습니다. 복음으로 똘똘 뭉친 전도자의 특권을 누리며 환자들에게 4영리를 전하며 그를 만나면 변화되지 않은 사람이 없는 것처럼 구령의 열정으로 드려진 삶, 주님 부르신 순간까지 깨알같이 써 놓은 중보기도노트를 손에서 떼지 못했던 그의 생애는 기도의 여인 그 자체였습니다.

자기가 배운 것은 C.C.C.의 전도와 순모임이며, 교회 부흥의 비결이 C.C.C.에서 배운 것으로 할 수 있다고 강조하며 영향력있게 교회 사역에 임했던 아내, 투병하다 보면 사람들이 멀어지는데 날이 갈수록 그녀 옆에는 그녀를 사모하는 사람들이 몰려 들었고, 그녀의 한마디 한마디는 너무나 큰 영향을 주었습니다. 건강해서만 사역하는 것이 아니라고 하면서 안방 침대에 누워 전화로 전도하고 격려하고 육성한 열매는 더욱 더 싱싱하고 풍성했습니다. 쉬라고 하면 전도하는 것이 그렇게 즐겁답니다.

"나만큼 많은 사람들에게 사랑을 받은 사람도 없다."고 하는 아내의 간증처럼 늘 그와 함께하기를 원하는 사람들에게 격려를 주고 끈끈한 사랑을 받았습니다. 가는 날까지 무의식 중에도 찬송하며 기도했던 아내는 과연 이 땅에 태어난 하나님의 천사, 기도의 여인, 전도의 사도, 하나님의 사람이었습니다.

아내는 일곱 번의 수술로 사람의 몸이 아니었습니다. 다리에 통증이 오면 아이들과 번갈아 다리를 주물러 주다 밤중이면 몰래 거실에 혼자 나와 무서운 통증을 참느라고 몸을 비틀며 신음하기를 수없이 했던 아픔과 책을 만들겠다고 쓴 병상 일기는 차마 눈뜨고 읽을 수 없을 만큼 처절했습니다.

'엄마'라는 말을 잃어버린지도 오래입니다. 아이들은 엄마 이야기를 애써 하지 않습니다. 초등학교 4학년에 다니는 아들에게 "엄마 보고 싶어?" 하고 물었더니 "엄마가 너무 보고 싶어서 꿈을 꾸려고 하는데 안 꾸어진다."라고 합니다. 해가 없는 가정의 밤은 길기만 합니다. 너무도 보고 싶어 눈물로 베게를 적십니다. 아내가 쓰던 물건들이 그리워집니다.

일어나려고 입술을 깨물어도 쉽게 되지 않습니다. 나는 아내를 너무도 사랑했습니다. 그 사랑을 떨치기가 너무 어렵습니다. 철저하게 혼자가 되었습니다. 집에 가면 생활을 나눌 대상이 없습니다. 어려운 가운데도 딸 아이는 엄마 성품을 닮아 학급에서 인기도 좋고, 욕심도 많습니다. 모든 상은 휩쓸다시피 우수한 성적으로 공부를 잘 합니다. 아이들에게 좋은 일이 있어도 눈물이요, 어려운 일 생기면 더 생각이 납니다. 아내가 전도하고 키운 사람들을 보면 더 가슴이 아픕니다.

    면류관 쓴 아내가 지켜볼 것을 생각하며 그가 못다한 영혼 사랑을 마음껏 누리고 싶습니다. 이제는 하나님께 반항하던 주먹도 펴고, 설명을 요구하기를 포기하고, 하나님의 주권을 받아 드리겠다고 다짐하며 부단히 몸부림치며 아내를 만나는 그 날, 꽃다발 들고 가장 먼저 마중 나올 아내를 목마르게 그리워합니다. 부활의 소망으로 일어서겠습니다. 다시 한번 기도의 손으로 붙들어 주십시오.

최 근 세 드림

암 투병 중인
내 친구 현주를 생각하며

내 친구 현주는 목포C.C.C. 최근세 간사의 아내이다. 병상에 있는 그리운 친구 현주를 생각하면서 글을 쓴다. 그 친구와 나의 첫 만남은 C.C.C. 총순장단 모임에서였다. 난 광주C.C.C., 그 친구는 전주C.C.C. 부총순장이었기에 자연스럽게 교제가 가능했다.

그 후 1983년 GCTC(간사요원 훈련) 훈련에서 우리는 다시 만나게 되었다. 정이 있고 언제나 미소가 배인 그 친구와 나의 우정은 깊어만 갔다. 늘 삶의 언저리에 기도가 배어 있었고, 따뜻한 마음은 훈훈한 사랑을 나누기에 부족함이 없었다.

45명의 간사 중에서도 유독 친했던 우리는 다른 간사들이 시기할 정도였다. 그래서 조심했고, 쉬는 시간에는 화장실에서 만났고, 그때마다 우리는 찬송을 했다. 서로 "시~작!" 하면, "♬ 자비하신 예수여 내가 세상 가운데 의지할 이 없으니… ♪" 아름다운 하모니를 이루었다. 늘 우리 우정의 무대는 화장실이었다.

우리의 우정이 깊어 갔던 여름날 이야기.

그 해 여름, 대규모의 수련회가 충북 미루나무 섬에서 열렸다.

많은 간사들 가운데 현주와 나는 취사 파트를 담당했다. 다들 하기 싫어하는 부분이었지만 우리 둘은 같은 팀이 된 것만으로도 감사했다. 취사 파트는 한 달 전에 그 현장에 가서 수련회를 준비한 팀들의 식사를 담당해야 했다. 그래서 우리는 사막과 같은 미루나무 섬으로 먼저 전출(?)을 가야만 했다.

수련회 준비를 위해 미리 뽑혀 온 100여 명 일꾼들의 식사를 한 달간 준비한다는 것은 힘에 벅차기도 했다. 하지만 주께서 주신 일이니 작은 일에 충성할 수 있음이 감사했다. 낮에는 준비팀 형제들이 리어커로 풀을 베는 작업이나, 모래 위에 대형 천막을 치는 일을 했기에 모두가 지칠 대로 지쳤다. 그래서 우리는 그들에게 용기를 주기 위해 식사 준비 시간 외에도 팔을 걷어 붙였다. 리어커를 끌고 밀고, 우리 손으로 풀을 뜯기도 했다. 텐트를 치기 위해 맨손으로 그 자리를 평평하게 만드는 작업도 했다. 거친 흙과 돌멩이 때문에 손에서는 피가 나기도 했다. 주님을 사랑하였기에 가능한 일이었다.

그런데 준비가 어느 정도 끝나갈 때 갑자기 홍수가 났다. 그래서 미루나무 섬에 있던 준비팀들은 고립되기에 이르렀다. 우리들의 숙소인 천막이 날아 가고 온 밤을 뜬 눈으로 지새워야만 했다. 얼마나 심각한 형편이었는지 헬리콥터도 우리를 구조할 수 없었다. 계속해서 비가 오면 우리가 있는 섬 중앙까지 침수될 것 같았다. 그때 우리는 하나님께 전적으로 매달리지 않을 수 없었다. 하나님께서는 더 이상 물이 불어나지 않게 하심으로 젊은 영혼들을 살리셨다.

　이 소식을 듣고서 C.C.C. 본부에서 긴급 파견을 나왔지만, 섬 저 너머에서만 발을 동동 구를 수밖에 없었다. 그때 수련회 총담당자는 선교국장이었던 김학영 목사님이셨다(현재 안식년 중). 이 분은 우리를 참으로 아껴 주신 분인데 먼 발치에서 목놓아 소리만 쳤다. 건강은 어떤지, 배고프지 않은지…. 훤히 보이는 곳, 그러나 뗏목으로도 도저히 들어올 수 없으니 그 마음 어디에다 비할까! 또한 식량이 다 떨어져 우리들의 배는 허기졌다.

　그런데 침수된 수박밭에서 수박들이 덩굴채 굴러 오기 시작했다. 처음에는 맛있게 먹었지만 하루 이틀 지나면서 보기조차 싫어졌다. 그렇지만 그 와중에서도 주님을 사랑하는 노래며, 간증이며, 참 아름다운 이야기로 수놓기에 시간이 모자랄 정도였다. 또한 현주는 유머가 풍부하여 언제나 날 기쁘게 해 주었다.

　얼마 남지 않은 수련회 마지막 준비를 위해 각 지구에서 더 많은 인원이 보충되었다. 모두들 재기하는 마음으로 땀을 흘렸고, 수련회 준비는 완료되었다. 조그마한 우리들의 헌신으로 전국 각처에서 수천 명의 영혼들이 수련회에 참석하여 말씀으로 변화될 것을 생각하니 흥분되었다.

　그 해 여름수련회는 더욱 더 위대했다. 젊은 대학생들이 말씀으로 녹아지고, 예수 그리스도를 영접하고, 또 세계 복음화의 비전을 갖게 된 것은 놀라운 하나님의 역사임에 분명하였다. 현주와 난 참으로 위대한 여름을 체험했다. 또한 여름수련회를 통해 백퍼센트의 헌신이 무엇인가를 절실히 몸으로 배웠다.

그 후 친구도 나도 둘 다 C.C.C. 간사와 결혼을 했다. 간사수련회 때마다 만나는 것이 우리에게 또 다른 기쁨이었다. 친구는 필리핀에서 남편과 함께 공부하고 다시 한국으로 돌아왔다. 친구의 남편인 최근세 간사님이 고향인 목포지구 책임을 맡아 열심히 사역을 하던 중 그 친구에게 시련의 바람이 불어 왔다.

두 아이의 엄마인 내 친구가 유방암! 서안복음병원에서 양쪽 가슴을 도려내는 수술을 받고 입원 중이라는 전갈이었다. 그 소식을 듣고 달려 갔는데, 그 친구에게는 변함없는 미소가 살아 있었다. 무슨 말로 위로를 해야 할지 모르는 나에게 병실 안에서 전도한 이야기를 재미있게 해 주었다. 무조건 병실 안에 들어온 사람은 자신의 전도대상자라고 덧붙였다. 아픈 가슴을 부여안고 그곳에서도 성경공부를 하고 있는 친구에게 난 오히려 도전을 받고 감사의 눈물을 흘렸다.

미국으로 떠나기 전 그 친구를 만나러 목포에 갔다. 친구 현주는 누군가로부터 선물 받은 신형차를 타고서 분주하게 말씀을 전하러 다녔다. "내 할 일은 말씀 전하는 것 말고 또 뭐가 있겠느냐!"라고 힘주어 말한 그 친구, 난 위로하러 찾아갔지만 항상 위로받고 돌아왔다.

최근에는 허리까지 암세포가 전이되어 척추 수술을 하였다고 했다. 입원 중인 전북대병원으로 국제 전화를 했다. 여전히 특유의 웃음으로 나를 반가이 맞아 주었다. 수술로 인해 앉을 수도 걸을 수도 없는데. "미순아, 나 열심히 살고 있어. 다만 아플 뿐이야." 눈을 떠도, 눈을 감아도 오로지 주님으로 가득 찬 내 친구! 도려낸 그 가슴에 주님을 싣고, 만나는 사람마다 예수님을 전하는 사랑하는 내 친구 현주!

아직도 그 친구에게는 소중한 복음 전할 사명이 있기에, 난 먼 조국의 하늘을 바라보며 "주님, 내 친구를 살려 주십시오."라고 두 손 모아 애원한다.

김미순 · C.C.C. 전임간사를 역임한 남편 장석진 목사와 두 아들 한빛, 한별이와 미국 필라델피아에서 살고 있다.

간사 중의 간사

나의 존경스런 간사 현주는 때를 얻든지 못 얻든지 복음을 전하는 전도자의 삶을 다 살다 간 간사 중의 간사였다. 내가 아는 수많은 간사가 있지만 그 중에서도 복음을 위해 살았던 간사였고, 간사가 어떻게 살아야 하는지를 삶으로 보여 주며 복음에 푹 빠진, 주님을 위한 삶을 산 간사였다.

자매 간사는 결혼하면 처녀 때처럼 사역하기가 힘들고 그 헌신을 쏟기가 어려운데, 그는 결혼 후에도 주님을 향한 비전을 한결같이 소유하며 복음을 위해 살고 C.C.C.에 헌신했다. 현주는 결혼 후에도 C.C.C.전국대학생여름수련회에 크리스천의 이성교제 특강을 하며 나와 함께 수련회에 계속하여 참석한 열정의 간사였다.

우리가 늘 웃으면서 우리 간사들의 영광은 복음의 막노동꾼으로서의 눈물과 땀이라고 했는데, 현주는 사람을 정말 사랑할 줄 아는 눈물이 있었고, 어디서나 복음을 전하는 땀을 흘릴 준비가 되어 있었다.

그녀를 병상에서 마지막 만났을 때 방사선 치료로 다 빠진 머리에 머플러를 쓰고 있었는데, 1년 동안 그녀는 같은 치료 중에 있는 200명을 전도한 간증을 하며 행복하게 웃었다. 마지막까지 그녀 가슴 속에 타고 있었던 불길은 피묻은 복음이었다.

나의 정 많은 친구 현주는 평생을 사람들을 사랑하는 일에 목숨을 건, 늘 외로울 때 힘들 때 같이 있고 싶고, 같이 있고 싶은 친구였다. 사람을 편하게 해 주고, 유머를 좋아했고, 깨끗한 웃음이 있었던 현주가 내 친구라는 게 언제나 힘이 되었다.

96년 광림수도원에서 있었던 간사가족수련회에서 팀으로 나뉘어 연극을 하던 시간이 있었다. 간사 사모들도 한 팀이 되어 발표했는데, 간사 후원자 발굴에 대한 내용이었다. 후원의 어려움과 C.C.C. 간사들의 경제 생활을 너무도 리얼하게 연기하여 여우주연상을 받기도 할 만큼 현주는 달란트가 많았으며, 좋은 품성에 누구와도 잘 어울리며 사람 속에 사는 다재다능한 간사였다. 현주는 하나님을 너무도 사랑한다는 고백을 하면서 내 손을 잡고 같이 울기도 했다. 필리핀에 있을 때, 함께 집에 데리고 살던 자매가 폐결핵으로 고생하던 노처녀였는데, 친동생 이상 사랑했고 몇 년을 염려하고 눈물로 기도해 주고 챙겨 주는 정다운 친구였다.

나의 동역자 현주는 하나님을 경외하고 기도할 줄 아는 사역자였다. 필리핀에 있을 때 한번은 학교에서 어려운 일이 있었는데, 아무도 두려워하지 않고 하나님 앞에 한없는 죄인이라고 떨며 무릎 꿇고 우는 그녀의 모습을 여러 번 보았다. 조금만 시간이 나면 같이 기도하자고 조르고 진짜로 기도하기를 즐기는 동역자, 어디에서든지 같이 일하고 싶은 든든한 동역자였다.

박정숙 · 부르심의 소명 앞에 미주 K.C.C.C.에서
간사로 충실하게 사역하고 있다.

받는 것보다 주는 것이
더 자연스러운 분

　사실 우리가 익산C.C.C.에서 함께 지낸 건 6개월 남짓, 내가 익산C.C.C. 지도교수로 있었던 때였다. 새로 오신 젊은 간사님 부부가 회관 사무실에서 나란히 앉아 일하시는 모습을 보며 '아, 결혼 후에도 캠퍼스 사역을 하시는 사모님이 계시는구나.' 라고 생각했다. 배우자를 끈기 있게 기다리는 나를 위로하시려 신혼임에도 불구하고 두 분만의 달콤한 시간을 기꺼이 양보해 주셨다. 지금은 없어진 백화점 식당가에서 겸손한 밥상을 받아들고 함께 행복에 겨워하던 일은 20여 년이 지난 후에도 언제고 즐거운 추억거리이다. 순장수련회 때는 지도교수라고 초청하여 시설이 허술한 방바닥에서, 연기 올라오는 기도원에서 함께 수련회를 하며 가까워지게 되었다. 좋은 이웃, 감각이 통하는 분들을 만난 흐뭇함으로 내심 쾌재를 부르고 있던 내게 필리핀으로 공부하러 떠나신다는 소식은 얼마나 아쉽던지….

　필리핀에서도 우리는 익산에서 나눈 것보다 더 긴 교제를 편지로 나눈 셈이다. 식사 시간조차 아껴 가며 공부하시는 최 간사님에게 샌드위치를 만들어 입에 넣어 드리며, 어린 은혜를 등에 업고 타이프를 치며 논문 작성을 도우신다는 간사님의 "기도해 주세요, 쎄게"라는 편지를 받은 날은 동일한 심정으로 통성 기도를 했다. "오늘은 울 아빠가 세 명 잡아(?)왔대요." 은혜의 선교 보고와 함께 캠퍼스, 공원에서 영혼을 낚는 어부의 특권을 한껏 누리시는 두 분의 검게 그을린 얼굴이 사진 속에서 환하게 웃고 계셨다.

나 홀로 낯선 땅 익산에서 우겨싸여 사는 고달픔이 무겁던 날.

"간사님, 천국에선 우리 가까운 이웃집에 살기로 해요."라고 편지를 썼다. 그 글을 받으시고 두 분께서 찐하게 기도하셨나 보다. 기도대로 간사님은 학업을 마치고 귀국하셨고, 나는 드디어 결혼을 했다.

주부 초년생 시절 결혼 속의 갈등이 버겁던 날, 목포행 기차를 타고 현주 간사님께로 달려 갔다. 갑작스런 방문에도 전혀 놀라지 않으시고 아침에 나가서 귀가하는 가족처럼 자연스레 나를 맞이하셨다. 무슨 일이 있었냐고 물을 만도 하련만 "푹 쉬세요. 아침에도 깨우지 않을게요." 하시며 책으로 가득 찬 방에 잘 자리를 마련해 주셨다. 옆방에서 들려오는 애끓는 듯한 간사님의 기도 소리에 잠에서 깨어났다. 간사님들은 매일 아침 저렇게 간절히 기도하시나 보다 생각하며 숙연해졌다. 아무 것도 묻지를 않으시니 내 스스로 털어놓을 수 밖에. 한참을 잠잠히 들으시고는 "참 외로우셨겠네요. 잉~." 그때의 내 심정을 어찌 표현할까? 단번에 어떤 손길이 가슴을 어루만지고 지나가는 듯 확 뚫렸다고 할까?

그 후로도 힘들 때면 시외 전화로 기도 부탁을 하던 차에 간사님이 암 수술을 위해 입원해 계시다는 소식을 접했다. 놀란 건 오히려 나였다. 병원에서 만난 간사님은 "여기서 입원 환자들에게 전도하느라 바빠요."라며 담담하셨다. 언제나 그랬듯이 자취하는 자매가 정성껏 준비해 온 찰밥과 반찬을 서울까지 먼 길 오시느라 애쓰셨다며 대접해 주셨다. 받는 것보다 주는 것이 참 자연스러운 분이셨다.

위로의 말을 고민하며 무거운 마음으로 찾아 간 나를 버스 정류장까지 배웅하시던 간사님과 함께 손을 꼭 잡고 까르르 웃으며 서울의 밤거리를 돌아다닌 기억이 그립다. 우리 둘이 C.C.C. 여름수련회에 참석하여 몽산포 바닷가를 거닐며 나눈 이야기는 짠 바다 냄새처럼 지금도 선명하다.

"병원에서는 제가 사모라고 기도해 주기를 꺼리는 거예요. 누가 기도 좀 해 주었으면 좋으련만." 마취에서 깨어나 물 마시고 싶은 갈증보다 기도 갈증이 더 크셨던 간사님께 어떤 간호사가 다가와 조용히 손잡고 기도해 준 순간의 심정을 고백하시던 간사님은 시골 여학생처럼 순박하게 보였다.

암 재발 소식을 듣고 극동방송 소망의 기도 시간에 기도 부탁을 드리며 울먹이던 기억들. 간사님 기도 때마다 가슴이 쏟아지는 건 내가 받은 간사님 사랑, 눈물의 기도 때문이었을 게다. 전주에서 항암치료를 받으셨기 때문에 자주 만날 수 있는 특권을 받았다. 극심

한 통증 중에도 원망이나 불평 없이 오히려 병 수발하는 남편을 안타까워하시는 참 이쁜 각시였다.

　아내를 휠체어에 태우고 병원 근처의 교회로 날마다 기도하러 가는 남편, 봉고차 바닥에 누운 아내를 싣고 전주와 목포를 오르내리는 남편을 위한 기도를 병상에서도 쉬지 않는 아내. 아름다운 부부의 해로하는 모습을 곁에서 지켜보고 싶었다. 자랑스럽고 대견한 은혜, 귀염둥이 은찬이를 바라보는 눈빛에 감추지 못하는 사랑이 묻어 있는 가슴 따스한 엄마였다.

　여름 날, 병 문안을 갔지만 위로의 말이 짧아 마냥 손을 만지작거리던 내가 "간사님, 지금 무엇이 제일 하고 싶으세요?"라고 물었다. "집에 가서 찬물에 밥 말아 김치 얹어서 한 그릇 먹고 마루에 누워 낮잠 한번 푹 자고 싶어요." 그저 그런 일상의 삶을 사모하시는 간사님을 병실에 남겨 두고 나오며 '주님, 어떻게 기도를 해야 할지 정말 저는 모르겠습니다.'라고 기도하며 가슴이 얼얼했다. 집에 돌아와 사랑하는 간사님이 원하시는 대로 찬물에 밥 말아 김치 한 가지 해서 밥 한 그릇을 먹었다. 무엇이든 해 드리고 싶었고, 내게 있는 것을 한없이 드리고 싶은 분이셨다.

　투명한 영혼, 위로와 사랑의 사람, 참으로 성숙한 사람, 너무나 귀하고 아까운 사람, 김현주 간사님. 사망 권세 앞에서도 요동치 않고 끝까지 주님을 신뢰하시는 모습 속에서 믿음을 보았고, 죽음을 통해 영광을 올려 드리는 성도의 삶을 목도하였다. 앉을 수 없어 자리에 누워서도 이웃을 전화로 위로하며 기도하셨던 간사님에게는 나이를 초월한 기도 친구들이 참 많았던 것을 나는 안다. 나도 그 중의 한 사람이었다. 간사님을 보낸 아쉬움이야 말할 수 없지만 그 보다 더 귀한 보화를 받은 나는 행복한 부자이다. 참 아름다운 믿음의 여인이 내 친구이고, 저녁이면 파 한 뿌리, 참기름 병들고 달려 갈 옆집에서 새콩달콩 살 테니까.

이영애 · 익산C.C.C. 지도교수로 하나님의 일을 감당하고 있으며
원광보건대 간호학과 교수로 재직 중이다.

못 말리는 간사님

활달한 성격으로 서울에서 방송국에 다니면서 바쁘게 살던 1998년 당시 군법무관이었던 남편을 따라 어쩔 수 없이 목포에 갈 수밖에 없던 상황이었다. 여러 방송국에서 리포터로 일했고 또한 욕심을 내서 조그만 인터넷 사업도 하고 있었기 때문에 정신 없이 바쁘던 때였다.

갑자기 목포로 발령이 났다. 목포에는 아무 연고도 없었기 때문에 막막한 느낌이었는데, 서울에서 함께 부부성경공부를 하셨던 금병달 목사님과 김정진 사모님께서 목포에 있는 간사님을 소개시켜 주셨다. 남편은 서울대 C.C.C.에서 신앙 훈련을 받아서 목포 C.C.C. 최근세 간사님을 소개해 주신 것이다. 현주 간사님을 처음 만나게 되었을 때 빨간 소형차를 몰고왔다. 굉장히 마른 체격의 간사님을 뵈었을 때 나랑 잘 통할 것 같다는 느낌이 들었다. 나를 만나자 마자 오랫 동안 잘 알던 사이처럼 친근하게 여러 조언과 축복을 많이 해주셨다.

그 당시 나는 서울에서의 일들이 머리 속에 가득 차서 마음을 제대로 정하지 못하고, 서울과 목포를 왔다갔다 하고 있었다. 간사님께서 결혼한 지 2년이 되어 가니까 이제는 아기를 가져야 한다고 말씀하셨다. 그런 뒤 거짓말같이 진짜 임신을 하게 되어서 나한테는 놀라운 일들이 많이 일어나게 되었다. 처음 임신 사실을 함께 알게 되었고, 당황하는 나에게 많은 위로와 축복을 해 주셨다. 그로 인해 나는 목포에서 마음을 잡고 정착하게 되었다. 우선 태교에 관해 많이 신경써 주시면서 처음으로 신앙의 길로 입문하도록 도와주셨다. 당시 간사님께서는 혼자 기도원에 다니고 계셨는데, 태교를 생각하며 신앙생활을 잘 할 수 있도록 나를 기도원에 데리고 다녔다. 그냥 교회만 왔다갔다 하며 세상에 온통 마음을 쏟고 살던 나에게 하나님에 대한 사랑을 많이 느낄 수 있게 도와주셨다. 남편이 출근하고 나면 외로운 시간들을 간사님과 함께 기도원을 다니면서, 또 함께 모임을 가지며 많이 친해지게 되었다. 내가 임신했을 때도 가장 먼저 알았던 분이셨고, 임신 기간 내내 함께 기도원에 다니면서 함께 보낸 시간이 내게는 너무나 인상 깊었던 일이었기 때문이다.

　사실 간사님과 나는 비슷한 성품을 가졌다. 활발하고, 사람 좋아하고, 화려한 옷을 좋아하고 즐겁게 사는 낙천적인 성격이 나랑 정말 비슷했다. 그래서인지 처음 만나자 마자 나이 차이도 잊고 친구처럼 온갖 이야기를 하며 신나게 떠들고 웃으면서 함께 보낼 수 있었다. 사실 지금 생각해 보니 간사님하고 나이 차이도 10살 넘게

났는데, 친구보다 더 가깝게 젊은 생각을 가지고 계셨던 것 같다.

"해도는 성격이 나하고 비슷하니까 은혜 받고 변화되면 간사님처럼 많은 사람을 전도하는 사람이 되라."고 내게 늘 당부의 말씀을 잊지 않으셨다. 그리고 정말 지금도 간절히 생각 나는 것은 목포에서 보내는 시간이 지루하게 느껴질지도 모르지만 아마도 해도의 평생에서 가장 행복했던 시간이 될 거라고 말씀하셨었는데, 바로 그 말이 내 가슴에 이렇게 남아서 사무치게 간사님을 보고 싶게 만들었는지 모른다. 간사님과 또 한명임 집사님과 함께 웃고 떠들면서 찬양하고 은혜를 나누면서 즐겁게 보내던 그 순간들이 지금도 너무나 붙잡고 느껴 보고 싶은 순간이 될 줄은 몰랐다. 간사님은 사람을 확실하게 끌어당기는 매력을 가진 분이었다. 간사님과 보냈던 시간들은 정말 잊혀지지 않는 순간들이 많다.

간사님은 즐거운 분이셨다. 이상하게도 가슴 아픈 이야기를 해도 웃으면서 듣게 만들고, 심각한 이야기도 가벼운 마음으로 들을 수 있게 만드는 재주가 있었다. 그래서인지 우리의 다락방 모임도 항상 웃으면서 가질 수 있었다. 농담을 하는가 하면 특유의 웃음소리를 내며 자신의 현재의 아픈 상태를 아무렇지도 않게 이야기하곤 했다. 그럴 수 있는 것은 하나님과 함께하니까 너무 기쁘기 때문이라고. 사실 더 이상의 말이 필요 없었다. 너무나 아파서 앉지도 못하고 누워서 예배를 드리는 상황인데도 우리한테 농담을 하면서 하나님으로 인해 기쁘다고 하니까 그 모습을 보는 사람이 누가 감히 하나님의 사랑을 의심할 수 있을까.

　나는 그 당시 굉장히 날씬한 몸매로 방송일을 했었기 때문에 작고 화려한 옷을 많이 가지고 있었다. 그러다가 임신이 되어 짧은 미니 스커트는 입지 못하게 되었는데, 글쎄 우리집에 놀러 오셨던 간사님께서 입지 못하는 옷은 자기에게 달라고 하시길래 나는 '은혜한테 입히시려나 보다.' 생각하고 작은 옷으로 골라서 간사님께 드렸더니, 글쎄 주일날 떡 하니 간사님께서 입고 나타나신 게 아닌가. 아무나 소화 못하는 옷이었는데, 간사님은 너무나 좋아하시는 거였다. 놀라서 "이게 어떻게 된거냐?"고 했더니 원래 간사님은 미니 스커트를 좋아 하신다며 마냥 좋아하셨다. 정말 그 모습이 귀여웠다. 나는 간사님이 입으니까 더 잘 어울리는 것 같다는 말씀을 드렸더니, 한 술 더 떠서 귓속말로 간사님이 아마 하나님 은혜를 받지 않았다면, 현재 목사님을 만나지 않았다면 바람둥이가 되어 놀러다녔을 거라며 웃으시는 거였다. 나는 가만히 간사님을 꼬집어 주었다. 그 후로도 간사님 외에는 아무도 나의 작은 옷들을 입은 사람은 없었다. 어릴 때부터 보수적인 신앙을 가지신 어머니의 영향으로 교회는 재미 없고 신앙생활은 지루하다고 느꼈었는데, 간사님 때문에 얼마든지 즐겁고 재미있게 신앙생활을 할 수 있다는 생각으로 바뀌게 되었다.

　간사님은 가는 곳마다 전도하셨던 분이다. 차를 몰고 가다 사고가 난 적이 있었는데, 바로 그 가해자를 교회로 끌고 오셨던 분이 바로 김현주 간사님이다. 그 상황에서도 전도를 하실 수 있는 분은 오직 간사님밖에 없을 것이다. 지금도 차를 몰고 다닐 때면 가끔씩 간사님과 함께 드라이브를 하며 나누었던 이야기들이 생각날 때가 있는데, 어떻게 차를 받은 가해자를 전도할 생각을 했느냐고 물었더니, 간사님은 죽는 순간까지 전도하다가 죽는다고 결심하고 있는데, 차에 받히고 나니까 '어! 아직 살아 있구나.' 하는 생각이 들었고, 그 다음에는 오직 살았으니 전도하자는 생각만 들었다는 것이다. 그래서인지 차를 몰다가 위험한 순간이 가끔 발생할 때 한 번씩 간사님의 말이 생각날 때가 있다. 정말 간사님은 자신의 생각을 실천하며 즐겁게 살았던 사람이다.

　간사님과 보냈던 시간으로 따지면 정말 많은 시간을 목포에서 함께 보냈다. 서울로 올라오기 전, 간사님 가족과 조 설 교수님 가족, 간사님과 함께 성경 공부한 필리핀 자매 에밀리 가족들과 함께 마지막으로 장흥 수양림으로 놀러갔었는데, 그곳에 갔던 일이 그렇게 행복하고 즐거운 시간이었다는 것을 지금 많이 느낀다. 정말 좋은 날씨 속에서 환하게 웃고 있는 사진을 보면 지금도 많이 그립다. 그때 간사님은 굉장히 몸이 안 좋으셨고 앉아 있기조차 힘들어 하셨다. 그래도 표정은 여전히 웃는 모습이고 그 모습은 언제나 나의 마음에 남아 있다. 항상 "간사님!" 하고 부르면 "해도야!" 하고 끌어안고 장난치며 보냈던 시간이 너무나 그립다. 그리고 진지하게 기도하시면서 하나님께 삶을 맡기시던 모습이 너무나 그립다.

지금 간사님을 그리워하는 나에게 다시 한 번만 그 목소리를 들려줄 수 있다면….

그 후로 나는 아기를 낳고 간사님을 찾아 목포에 갔었고 몸이 많이 안좋아지신 간사님을 뵐 수 있었다. 1년이 지난 겨울, 다시 목포에 찾아 갔을 때 상태가 많이 안 좋아지셔서 병원에 가셨다고 했다. 혼자 찾아 가려고 했는데, 그 날 갑자기 폭설이 쏟아져서 찾아 뵐 수 없었고 할 수 없이 전화로만 통화하고 다음을 기약했는데, 바로 그 며칠 뒤 돌아가셨다는 소식을 전해 들었다. 가슴을 치며 엉엉 울었는데, 마지막 간사님과의 통화에서도 간사님은 밝은 목소리로 날이 풀리면 만나자하셨다. 정말 정말 그 밝은 목소리를 너무나 듣고 싶다.

내가 서울로 올라오기 며칠 전 간사님과 함께 단팥죽을 먹으러 갔었는데, 그때 간사님께서 나에게 진지하게 후원을 부탁하셨다. 그 날 간사님은 은혜와 은찬, 목사님을 많이 걱정하셨고 간사님이 천국에 가더라도 해도는 간사님 가족을 잊지 않고 사랑과 후원을 하라고 부탁하셨다. 그 날 나는 간사님 말씀을 가슴에 꼭 새기며 간사님이 부탁하신 대로 살고 있다.

간사님! 너무나 사랑해요.

송해도 · 김현주 간사의 순원으로 연세대 대학원을 다니고 있다.

부드러운 카리스마

내가 김현주 간사님을 처음 뵌 것은 대학 4학년 때였다. 목포로 발령받으셔서 나사렛 순장님들을 초대해서 식사 대접을 하는 날, 사모님과 난 해물탕을 주 메뉴로 준비하였다. 간사님은 음식 솜씨가 없다고 하시면서 살림하는 것보다 사역하는 것이 더 낫다고 하셨다. 간사님은 성남에서 은혜를 데리고 캠퍼스 나가서 전도하고, 순모임 하고 C.C.C. 지하 회관이 홍수에 잠겨 요나의 뱃 속 같은 곳에서 기도하며 사역했던 이야기들을 모험담처럼 신나게 말씀하셨다.

4학년 자매들을 데리고 「믿음의 여인들」이라는 교재를 가지고 순모임을 하실 때에도 간사님은 정열적으로 가르치셨고, 여성으로서의 지혜로움과 믿음에 대해 자신의 삶을 나누며 가르치셨다. 우리는 간사님과의 순모임을 늘 기다리고 그 순모임을 통해 우리의 인생을 생각하며 준비할 수 있었다. 여름수련회 교육순장으로 준비하면서 간사님께 점검을 받게 되었다. 자매 순장 3명이 점검을 받는데 간사님은 점검을 굉장히 엄격히 하셨다. 지적은 날카로웠고 칭찬은 구체적으로 하셨다. 순모임 때와 사뭇 다른 간사님의 모습에 우리는 경직되었다.

　간사님과 진로상담을 하면서 간사님은 내게 간사의 삶을 도전하셨다. 살고 싶었던 삶이었지만 감히 입 밖에 낼 수 없었던 삶이라 생각했는데, 간사님으로부터 권면을 받고 감사하기도 했다. 간사님은 내게 간사의 삶을 사는 데 가장 중요한 것은 소명이라고 말씀하셨다. 무엇보다 말씀의 약속을 주셔서 계속해서 간사의 삶을 살 때 이 말씀을 붙들고 살 것을 당부하시면서 날 데리고 새벽기도를 가시고, 또 개인적으로 기도하면서 점검하시고 기도 중에 예레미야 1장 말씀도 주셨다. 간사님과 난 진로 문제뿐 아니라 삶의 전반적인 영역을 나누면서 삶을 공유하게 되었다. 그렇게 간사의 삶을 시작하고 목포로 첫 발령을 받고 간사라는 위치에서 간사님과 함께하게 되었다.

　특별히 책임간사이신 최근세 간사님과 사역 속에서 갈등이 있으면 간사님은 금방 알아채셨다. 그래서 우리 자매 간사들을 격려하시고 대신해서 최 간사님 흥도 봐 주고 애교도 부리셨다. 간사님은 우리를 데리고 분위기 좋은 근사한 곳에 가셔서 간사 팀워크를 만들어 주는 배려도 하셨다. 특별히 최 간사님이 영화나 커피숍 가는 것을 즐겨하지 않으셨기에 사모님은 우리에게 좋은 대리자였다. 간사님은 남을 배려해 주는 부드러운 성품에 카리스마가 있었다.

　간사님은 특별히 기도하는 분이셨다. 가정, 교회, C.C.C.에 속한 모든 사람과 사역을 위해 늘 새벽에 기도하셨다. 간사님은 나에게 기도하는 시간이 제일 즐겁고 행복하다고 하셨다. 그 말이 참 많이 도전이 되었던지 지금도 기도할 때면 생각난다. 아버지가 갑작스럽게 뇌출혈로 쓰러지셔서 병원에서 장례 준비할 것을 권했을 때, 새벽에 간사님은 다른 간사님들과 오셔서 어머니를 많이 위로해 주셨다. 그때 어머니가 위로를 받으시고 용기를 얻어 지금도 그때를 생각하면 고마워하신다.

간사님은 아버지를 위해 기도해 주시면서 꿈 이야기를 해 주셨다. 간사님이 우리 아버지에게 사과를 내밀었는데 아버지가 안 받더라는 것이다. 당시 불신자였던 아버지였기에 그 꿈은 나를 아프게 했지만, 복음을 전해야 한다는 긴장감을 더욱 갖게 하였고 6개월 동안 간병하면서 구체적으로 복음을 전하게 하셨다. 간사님이 암을 처음 발견하였던 날을 기억한다. 그 날 간사님은 평소와 다르게 얼굴에 그늘이 져 있었다. 암 검사를 의뢰하고 결과를 알아보기 위해 가는 날이었다. 암으로 판정 날 것을 이미 알고 있는 듯했다. 간사님은 이 결과에 대해 묵묵히 받아들이시는 것 같았다.

수술 후 간사님의 사역은 더욱 열매를 맺게 되었는데, 특별히 불신자들에게 복음을 전하고 순모임을 하시면서 교회에서 전도왕으로 통하셨다. "전도상은 천국에서 받아야 하는데…." 하시면서 죄송스러워 하셨다. 간사님이 불신자 아줌마들에게 전도하기 위해서 얼마나 애쓰는지 언젠가 나에게 가르쳐 준 적이 있다. 먼저 선물 공세를 한단다. 어떤 때는 먹거리들로, 때론 아이들의 선물로 또 갖은 아양과 아부로…. 그럼에도 불구하고 상대방이 자기를 너무 부담스러워해 슬슬 피하여도 간사님은 기도하면서 절대 포기하지 않는단다. 때론 자신의 의도를 상대방이 알고 무시할 땐 자존심도 상하지만 복음을 위해서는 이까짓 것은 문제도 안 된다고 하셨다.

    1998년에 사역지를 서울로 옮기게 되었지만 사모님과는 지속적으로 교제를 하고 있었다. 힘든 일이 생길 때마다 간사님과 통화하면 기도와 말씀으로 더욱 하나님과 교제하게 되었다. 물론 그때 간사님이 투병 중이어서 자주하지는 못하였지만…. 내가 형제랑 교제하면서 아주 힘들 때가 있었다. 그때는 내가 서울에 있어서 전화로만 상담을 하였는데 간사님은 그때그때 적절한 말과 성경 말씀으로 날 위로해 주시고 격려해 주셨다. 그때 난 하나님께 왜 이렇게 하셨는지 계속 질문하고 있었는데, 간사님의 그 말씀은 나의 질문에 대한 하나님의 답변이었다. 그 후 난 결혼관에 있어서 안목을 갖게 되었다.

                  김애란 · 서울동C.C.C. 건국대 담당간사로 사역 중이다.

섬기신 모습 흉내내며 살게요

1993년 늦은 여름쯤으로 기억된다. 간사님을 처음 뵌 것이 결혼 후 3년, 우리 가정에 있어야 할 아이가 없을 때였다. 친구 하나 없는 객지 생활이 참으로 힘이 들고 외로웠다. 같은 아파트의 이웃집에 송 간사님이란 분이 계셨는데, 가끔 들려 차를 마시곤 했다. 분위기로는 교인 같아 보였지만 내가 알고 있는 열성 당원처럼 교회 가자고 잡아끄는 일은 없었다. 조심스럽게 말을 건넸다. "저기요, 교회는 아직 나가고 싶진 않지만 성경책 속에 적혀 있는 하나님이 어떤 분이신지 궁금해요."라고 했다.

"성경공부만 하는 곳은 없나요?" 했더니 있다고 "연결해 드릴게요." 했다. 다음날 전해 주는 소식은 본인도 C.C.C. 출신인데 훈련을 받아 함께 공부해 줄 수 있다고 했다. 4영리라는 교재를 가지고, 성경 공부를 시작한 지 몇 주일이 지난 후 송 간사님은 본인의 성격은 딱 부러지지 못하여 파워가 없으니 좋은 분을 소개해 주겠다고 했다. 썩 내키진 않았지만 승낙했다.

어느 주일날 아파트 입구에서 김현주 간사님이라는 분을 만났다. 신앙이 전혀 없던 나는 당연히 외모로 사람을 판단했다. 한마디로 정말 촌스러웠다. 딴에는 부산이라는 대도시 물을 먹은지라 정도 들지 않은 목포에 대한 불평이 늘 붙어 다니는 나에겐 처음보는 낯가림이 심했다.

이상한 골목길을 지나 철길까지 건너며 개구멍 같은 담벼락을 들어서니 조립식 건물의 교회가 보였다. '내가 미쳤지.' 후회하며 교회 안으로 들어섰다. 곡명을 알 수 없는 가사가 귀에 울려 퍼졌다. "무거운 짐을 나 홀로 지고 견디다 못해 쓰러질 때 불쌍히 여겨 구원해 줄 이 은혜의 주님 오직 예수" 알 수 없는 눈물로 범벅이 되었다.

길지 않은 나의 인생을 돌아보았다. 쪼들리는 살림살이로 엄마는 두 살배기 막내동생을 업고, 네 살난 동생을 나에게 남겨 놓은 채 장사를 나가셨다. 그때부터 설거지와 청소는 나의 몫이 되었고, 가게, 식당, 공장, 여러 차례 부모님의 직업이 바뀌면서 안해 본 일이 없었다. 아버지의 불성실한 가정생활로 남자에 대한 불신감, 사귀었던 남자로부터의 배신, 돈을 벌어 가며 야간 대학을 다녔던 기억들, 부모님에 대한 존경심보다 상처가 더 많았던, 그래서 반항이 심했고 짜증스러웠으며 불안함과 근심이 많은 날카로운 성격의 소유자였다. 그런 난 누군가에게 진심으로 치유받길 원했다. 많은 상처를 받았지만 기질적인 마음 약함과 강하게 살아야만 했던 환경 속에서의 갈등으로 퍽이나 정신적으로 지쳐 있었다. 그런 나를 사랑하셔서 하나님께서는 귀한 선물을 주셨다. 김현주 간사님! 하나님을 알게 하셨던 분.

　눈물을 흘리며 감동을 받았지만 간사님과 나, 단 둘이만 마주보며 구역 다락방 예배를 드리는 것은 보통 부담이 아니었다. 너무 따분하고 하기 싫어 이 핑계 저 핑계 대며 피해 다녔다. 목요일 전화벨이 울릴 쯤이면 코드를 뽑아 놓기도 했다. 그러면 어김없이 저녁 무렵 딩동하며 들리는 목소리. "상선 씨, 나 왔어요. 지나가다 들렀어요", "가방이 자기한테 어울릴 것 같아 가져 왔어", "이거 필리핀에서 가져 온 테이블보야." 내가 사는 아파트에 볼 일이 뭐 그리도 많으셨던지, 수시로 오셔서 당황하게 하셨지만 재치있는 말솜씨와 유머로 나의 마음을 풀어 놓고 가셨다. 그러면서 '내가 휘말려드는 게 아닐까' 라는 불안감(?)이 밀려 왔다. 나도 모르게 휩싸여 그 속으로 점점 빠져드는 것 같은 이상한 힘을 느꼈다.

　간사님의 끈질긴 사랑과 희생에 난 그만 말려 들고 말았다. 몇 달 뒤 남편도 믿게 되었다. 혼자 시작한 다락방에 갓 결혼한 신혼부부 두 팀을 연이어 받아들이면서 빛과소금교회 최초의 부부 다락방이 만들어졌다. 다락방이 이렇게 재미있을 수가…. 건장한 세 명의 남성들이 간사님의 열정과 헌신과 사랑에 반해 버렸다. 세례를 받던 날 간사님은 나보다 더 기뻐하며 꽃다발과 엽서로, 축하와 감사에 식사까지 대접해 주셨다.

　간사님을 안 지 3년이 지났을까. 교회에 대한 불평을 늘어 놓기 일쑤인 나에게 크리스마스 무렵 병원에 입원해 있을 때 카드를 써 오셨다. "사랑하는 상선 자매, 주님이 좋은 소식을 가지고, 이 땅에 오셨습니다. 선하신 주님의 뜻을 우리가 분별하기 어렵지만 하나님의 귀한 뜻이 있을 겁니다. 하나님 한 분만으로도 우리의 기쁨이 충만하기를 기도드릴 뿐입니다. 상선 씨가 주님을 알고 주의 사랑 속에 수술 받는다는 사실을 생각하니 마음이 평안합니다. 승리하시기를 기대합니다. 메리 크리스마스! 자매를 사랑하는 현주가."

부모도 형제도 올 수 없었던 상황에 간사님의 위로는 큰 힘이 되었다.

피를 나눈 형제보다 더 진한 관계를 유지하며, 아니 예수님을 내 마음의 구주로 영접하여 새로이 신부가 된 나는 신혼 살림에 푹 묻혀 버리기 시작했다. 예수님을 알기 전 신경질적이며 예민했던 성격, 또한 있어야 할 자녀가 없는 관계로 남편과의 다툼이 잦아지고 있을 즈음 간사님의 섬김과 사랑, 기도, 헌신으로 인해 밝고 건강한 가정으로 자리 잡아가는 기초가 되었다.

간사님의 겸손함으로 생배추 같은 나를 훈련시켜 주시며, 소금 절인 배추로 만들어 주시며, 생활 속에 솔직히 감정을 함께 나누시던 간사님. 간사님은 특유의 웃음으로 분위기를 고조시켜 주셨고, 지치신 목사님을 잘 보필하셨다. 처음 새벽기도를 함께해 주셨고, 나의 고민을 애정어린 마음으로 들어 주셨으며, 힘들 때 위로해 주셨던 분, 나를 위해 끊임없이 기도해 주셨던 간사님이 떠났을 때 한참을 방황했다. 아버지를 잃었을 때보다 더 많이 힘들었다. 많은 의

문도 가졌다. 하지만 간사님만 생각하면 정신이 차려진다.

한 영혼을 천하보다 귀히 여기셨던 예수님처럼 그렇게 간사님은 실천하셨다. 이곳 부산 사람들에게 간사님께서 내게 베푸셨던 일 중 여러 가지의 얘기들을 들려 주면 깜짝 놀란다. 생활고로 인해 목포를 떠나야 할 즈음, 간사님 아파트에 그냥 들어와 살게 하시고 우리의 전세금을 빼서 무엇이든 해보라고 권유까지 하셨던 그 사랑을 평생 잊지 못하며, 우리 부부의 마음속에 힘든 자들을 돌아볼 수 있는 사랑의 불씨를 담아 주셨다.

참 많은 사람들에게 간사님을 자랑한다. 내 인생에 큰 변화를 가져다 준 분을…. 지금 나를 만나는 자들은 알지 못한다. 내가 변화되기 전의 모습과 성격들을. 8년이 지난 세월 동안 참 많이 변해 있다. 너무나 많은 사랑을 받고도 감사함을 전해 드리지 못해 늘 가슴 저리고 송구스럽다. 목포를 떠난 지 몇 년이 지났는데도 자식을 멀리 시집 보낸 엄마의 마음처럼 애를 쓰셨나 보다. 목포를 잊지 못해 방황하는 나에게 또 다시 위로하여 격려하고 사랑을 쏟으셨던 간사님.

2000년 여름 이른 아침, 아니 상선이를 보러 부산으로 오셨다. 그런데 난 최선을 다해 섬기지 못했다. 간사님이 내게 하셨던 것처럼. "간사님! 저 간사님이 허리도 제대로 펴지 못한 채 은혜랑 아파트 상가를 돌며, 선물해 주신 우리 딸 주향이의 내의를 바라볼 때마다 간사님께서 내게 베푸셨던 사랑, 사람들에게 최선을 다해 섬기셨던 모습들 흉내내며 살게요.

딸을 키우면서 철없이 굴었던 나의 지난 모습들이 부끄러워집니다."

박상선 · 부산 호산나교회에서 주의 일을 감당하고 있다.

숨겨진 비밀을 털어 놓게 만드는 상담의 카리스마

어떻게 글을 시작해야 할까? 과장되지도 그렇다고 덜어내지도 않은 진솔한 이야기를 쓰고 싶은 마음에 참 오랜 시간 고민했다. 아주 짧은 평범한 글이지만 여자로서, 한 가정의 아내와 어머니로서, 그리고 사모로서 모델이 되어 주신 나의 은사님과의 추억 속 산책을 시작하려 한다.

'아줌마'

내 은사님의 첫 인상은 그러했다. 대학생활을 막 시작한 3월의 어느 날, 동아리방에서 처음 본 그 분은 검은 피부에 하얀 치아, 진달래빛 립스틱, 알록달록 화려한 스카프가 왠지 풋풋한 여대생과는 거리가 있는 그저 맘 착하고, 인심 좋은 아줌마 같았다. 좀 더 시간이 지난 뒤 외모뿐 아니라 사역에서도 아줌마의 뚝심과 리더십이 돋보이는 분이라는 걸 알게 되었다.

3학년이 되어 자매모임이 시작되고, 나는 내 은사님의 진면목을 확인하게 되었다. 그녀는 외모와 다르게 소녀 같은 풍부한 감성과 순수한 마음으로 제자를 양육하는 뚝배기 사골 곰탕 같았다. 시간을 함께 보낼수록 내면 속 뽀얀 우유 빛은 더해 갔다. 자연스레 존경 어린 시선으로 바라보게 되었고 자매 모임이 너무 즐거웠다.

「믿음의 여인들」이라는 교재로 성경 속 인물을 탐구해 가며 '이런 여인이 되자', '이런 여인처럼 살지 말자' 다짐도 하고 나름대로 여인상을 정립해 가며 모인 자매들 사이에 우정도 돈독하게 쌓을 수 있었다. 그때를 생각하면 서로 격려하면서 기도도 열심히 했지만, 가장 기억에 남는 것은 신명나게 웃으며 눈물을 훔치던 모습이다. 손뼉도 치고, 뒤로 쓰러져 가며 정신 없이 웃었다. 너무 웃어 눈물을 훔쳐 내는 여대생들을 상상해 보라. 우리의 모습이 얼마나 행복했을지….

내 은사님의 재치 있는 입담은 모임의 분위기를 무르익게 했고, 이로 인해 어려운 이야기지만 우리의 닫혀진 어둠까지 열게 했다. 사정이 이렇다 보니 모임에 참석한 대부분의 자매들은 자연스럽게 은사님을 좋아하게 되었고 '두 아이의 엄마로서, 사모로서 저렇게도 살 수 있구나.' 라는 도전을 주었다. 대부분의 크리스천의 고민이겠지만 생활 속에서 신앙인으로 어떻게 살아가야 할까 고민하던 내게도 신앙의 선배로 좋은 모범이 되어 주셨다. 결코 아름답지 않은 외모지만 매력적인 삶을 꾸려가고 있음에 그 분에게는 빛이 있었다.

어느새 4학년이 되고 상담에 관심 있던 터라 보다 체계적인 공부를 하고 싶어 대학원 진학을 위해 분주히 시간을 보내고 있었다. 그러던 차 목포C.C.C. 상담센터의 간사로 함께 일해 보지 않겠냐는 뜻밖의 제안을 받게 되었다. 그 해 원단금식수련회에서 한번도 생각해 보지 않았던 협동간사로서의 삶을 헌신하고 기도와 땀의 수고를 배우게 되었다.

가장 먼저 시작한 일은 상담실을 만드는 것이었다.

목포C.C.C. 회관 3층의 사랑방 하나를 개조해서 아늑하고 따뜻한 분위기의 상담실을 만들고자 꿈에 부푼 계획들을 세우던 차에 중대한 문제가 대두되었다.

'방음'

여러 사람의 조언을 구하던 중 달걀판이 방음을 돕는다는 소식을 듣고 무안군 청계면의 한 양계장을 찾았다. 창문을 제외하고 사랑방 사면을 달걀판으로 도배하고 합판과 예쁜 벽지로 마감하였다. 아마도 계획 중인 새로운 회관이 완공되어 현재 목포C.C.C. 건물이 헐린다면 인부들은 수많은 달걀판을 보며 '무엇에 쓰는 물건인고?' 하고 의아해 할 것이다.

여러 형제 순장들의 도움으로 방음벽과 도배가 끝난 후 상담실 집기를 놓고 기도하게 되었다. 그렇게 상담실을 만들면서 나는 또 한번 은사를 돕는 하나님의 손길을 보았다. 훌륭한 인격자 주위에는 반드시 그를 따르는 사람이 있다는 간단한 원리를 가까이에서 보게 된 것이다. 싼 값에 예쁜 핑크빛 원탁 테이블을 구비하였지만 아직 필요한 것이 많았다. 하나님께 우리에게 필요한 것을 놓고 일주일쯤 기도하던 중 은사님을 아끼는 분들의 도움으로 분위기 있는 커튼과 테이블보, 전화기가 놓이고 커피 메이커와 인테리어 테이블도 준비되었다. 주위 사람을 통해서 하나님의 일하심을 보여 주신 것이다.

그렇게 해서 상담실은, 햇살이 가득한 날이면 뒷산 나뭇가지 사이로 내려오는 따뜻함과 신선한 공기가 방안을 채우고 새들의 지저귐이 마음의 평안을 전할 만한 꿈의 공간으로 다시 태어났다. 아직도 따뜻한 봄날이면 커피 한 모금 입에 물고 그때의 따뜻함을 추억하게 된다. 너무나 행복한 순간을 떠올리기에 입가에 환한 미소와 가슴엔 희망이 뭉게뭉게 피어 오른다.

매주 수요일 은사님과 함께 상담 사례 책을 읽으며 많은 간증과 이웃의 경험을 간접적으로 접하게 되었다. 믿음의 사람들이 세상을 헤쳐나갈 때 닥치는 어려움을 지혜롭게 해결하기 위해서는 그리스도의 주권을 인정하는 신앙 회복이 필요함을 배웠던 뜻깊은 시간이었다.

아세아방송을 통해 목포C.C.C. 상담센터가 소개되면서 인근에서 찾아오는 상담자도 생기고 상담 문의가 들어 올 때 쯤, '상담 세미나'를 갖게 되었다. 세미나 소식을 접한 목포지역 교회 집사님들과 청년들도 참석하였고, 그들 중 몇몇 분은 교회에 소개할 만한 신앙 상담 서적을 문의해 왔다. 대외적인 첫 사역에서 은사님의 카리스마는 더욱 빛을 발하여 누구에게도 말할 수 없는 비밀을 은사님 앞에 앉으면 모든 것을 털어 놓게 만들어 버리는 마음을 열게 하는 은사가 있었다.

또한 각자가 가진 은사가 무엇인지 궁금해 하는 지체들을 위해 은사 테스트를 시행하면서 상담실을 찾는 이들이 많아져 상담 예약을 받게 되었다. 그러던 중 나는 뜻하지 않았던 하나님의 선물을 받게 되었다. 그것은 지금 함께 가정을 꾸리고 있는 배우자와의 만남이다. 당시 총순장으로 섬기던 최동혁 형제가 은사 테스트를 받은 것이 계기가 되어 자연스러운 만남이 이뤄졌고, 은사 테스트를 통해 받은 좋은 인상은 1년 후 우리가 사귀게 되는 계기가 되었다. 가끔 최근세 목사님은 이렇게 말씀하신다. '상담하다가 간사와 총순장이 사랑을 키웠어요. 멋진 형제와 결혼하고 싶은 자매는 상담 간사가 되십시오.' 연애하는 동안엔 이 말씀이 부끄러웠지만 가정을 이뤄 함께 살면서 내게 소중한 사람을 찾아 주었기에 모든 것이 감사할 뿐이다.

그렇게 사역이 성령의 흐름을 탈 무렵, 은사님은 상담 사역의 범위를 넓혀 고민과 상처를 안은 성도들을 직접 찾아 가서, 혹은 상담실로 모셔서 상담하기 시작했다. 그러던 차에 소리 소문 없이 은사님의 발길이 상담실에 뜸해졌다. 몇 주 후 목사님께서 부탁하신 기도제목을 통해 투병 중인 은사님의 소식을 접하게 되었고, 모두들 적지 않은 충격을 받았다. 우리 모두가 가슴을 졸이며 기도하는 동안 나에게는 잘 섬겨 드리지 못한 죄책감과 후회가 더해져 견딜 수 없는 슬픔을 맛보았다. 내가 고 김현주 사모님을 간사님이라 부르지 않고 은사님이라 하는 이유도 그때 느꼈던 그 분의 소중함을 기억하기 때문이다.

　수술이 말끔히 되었다는 소식을 듣고, 목포공항으로 목사님과 은사님을 마중 나갔다. 그간 많이 야윈 두 분의 모습에서 끊어질 수 없는 부부의 정이 배어 나오고 있었다. 수술한 지 얼마 되지 않은 터라 힘들어 하시는 은사님과는 몇 마디 나누지 못한 채 목사님 댁 근처까지 왔다. '집을 오래 비웠으니까 은혜와 은찬이에게 조그마한 선물이라도 사 가야겠어.' 라며 대형 할인마트에서 서둘러 내리셨다. 그땐 그렇게 내리시는 뒷모습을 보며 '건강하시길' 하는 생각 뿐이었지만 출산을 앞둔 지금 내게는 눈시울을 적시게 하는 깊은 부모의 사랑이 느껴진다. '죽음을 넘나드는 순간 얼마나 어린 자식들이 생각났을까?' 새삼 은사님이 드렸을 감사와 감격을 동감하고 또 동감할 듯하다.

　몸이 좀 회복되시자 다시 아줌마의 뚝심도 살아났다. 유방암 수술을 통해 부어 주신 하나님의 은혜와 사랑을 세미나에서, 아줌마 순원들과 함께하는 순모임에서, 상담을 청하는 사람들과 심지어는 택시 기사님에게, 은사님은 만나는 모두에게 역사하시는 하나님에 대하여 전하고 자신의 간증을 통해 많은 이들이 새 힘을 얻고 있다며 즐겁게 말씀하셨다. 은사님의 특유한 웃음소리는 내가 대학 때부터 봤던 그 모습과 마찬가지로 밝고 경쾌했다. 그렇게 우리 모두에게 기쁨으로 돌아오신 은사님은 앞으로의 사역을 너무나 진지하게 계획하고 계셨다.

암이란 것이 참 무섭더군요.

몇 개월 지나지 않아 은사님은 다시 병마와 싸워야 했다.

어느 겨울 날, 문병차 목포지구 간사님들과 함께 병원을 찾았다. 뜻하지 않았던 폭설을 만나 고속도로 사정도 여의치 않았고 타고 간 봉고마저 전주 톨게이트에서 멈춰 버렸다. 그럼에도 불구하고 늦은 시간 마주 앉은 우린 너무나 즐겁게 이야기꽃을 피웠다. 한참을 이야기하다 새로운 사실 앞에 조용히 눈을 감았다. '앞으로 사역에 더 집중하고 싶어서 문제의 근원을 도려냈어.' 여자로서 가슴을 잘라내는 것이 얼마나 힘들고 가슴아픈 일인데 내 은사님은 너무도 편안한 미소를 머금고 이야기하셨다. 그 미소는 상실에 대한 슬픔이 아닌 앞으로 펼쳐질 사역에 대한 굳은 의지였다. 마치 아름다운 피아노 선율을 듣는 것처럼 은사님의 얼굴에 사랑으로 가득 찬 기쁨이 있었다. 말이 위로차 간 방문이지 위로는 우리가 대신 받고 있었던 것이다.

돌아오는 길에 따뜻한 밥 한끼 대접하겠다며 만류하는 우리를 붙잡아 잘 꾸며진 식당으로 동행하셨다. 추운 겨울 국물보다 우리를 녹인 것은 후배 간사들을 사랑하는 선배 간사의 사랑이었다. 얼마 후 '크리스마스, 눈 속을 헤치며 만나러 와 주심에 감사하다.'

는 성탄카드를 보내 오셨다. 정말 정이 많으신 분이었다. 그 분처럼 감성적이고 손 대접하는 은사를 가진 이는 없을 것이다.

이듬해 봄 유학 준비를 위해 서울로 거처를 옮기면서 최근세 목사님을 통해 은사님의 소식들 듣게 되었다.

'병상에서 열심히 전도하고 계신다. 그리고 암이 전이되다….' 척추까지 전이된 암세포들이 은사님의 목숨은 위협해도 하나님을 향한 열정과 사랑은 위협할 수 없었나 보다. 마지막까지 최선을 다해서 하나님을 증거하며 주위 사람을 먼저 배려하는 모습은 변함이 없었다.

3차 수술을 앞두고 목포의 한 교회 집회에서 은사님을 뵈었다. 잦은 방사선 치료 때문인지 짧은 컷트형 가발이 은사님이 겪고 있는 치료의 고통을 대변해 주었다. 빨간 슈트를 걸치고 계셨던 은사님의 모습은 그 어느 때보다도 당당하고 강한 인상을 주었다. 그것이 내가 은사님을 본 마지막이다.

글을 정리하다 보니 은사님이 더 더욱 보고 싶다. 때론 어머니처럼, 언니처럼 나를 이해하고 아껴 주셨던 그 분이 너무 가슴시리게 그립다. 이제 어미가 되려니 어미 없는 자식의 아픔을 알겠고, 자식을 두고 떠나는 어미의 마음을 이해 할 듯하다. 또한 아내의 빈 자리에서 겨울 바다의 삭막함을 느낄 남편의 안타까움을 알 것 같다. '이 모든 고통을 어떻게 이겨내고 떠나셨습니까? 하나님을 사랑하는 당신의 숭고한 마음에 조용히 머리를 숙입니다. 당신은 내 인생의 영적 은사이며 모델입니다. 이곳에 남아 있는 모두에게 스승이며 자랑하고 싶은 믿음의 여인입니다. 가치 있는 삶을 살다 가신 당신을 우린 아주 오랫동안 기억할 것입니다. 어떻게 살아야 할지 앞으로 걸어가야 할 길에 바른 조명을 해 준 당신은 진정한 스승입니다.'

전은자 · 김현주 간사의 제자로 현재 수원 왕성교회 사모로 주님을 위해 살고 있다.

사람을 끄는 매력

　무신론자였던 나를 오늘날 신앙인으로서 이끌어 주시고 붙잡아 주시고 생활적인 면에서도 상담자로서 나에게 알게 모르게 힘이 되어 주신 간사님을 나는 평생을 두고 못 잊을 것이다. 내가 간사님을 만난 것은 같은 동네의 빛과소금교회 권사님께서 나를 전도대상자로 삼으시고 기도하시던 중 김현주 간사님을 모시고 무작정 방문을 하셨던 때였다. 무척 마음에 부담이 되어 피할 때도 있었지만 자주 간사님께서 전화하시면서 교회의 구역 예배인 다락방 모임에 참석하도록 권유하셨다.
　간사님께서는 아직은 믿음이 없는 나를 승용차로 항상 데리러 오셨다. 구역 예배를 드리면 성경 말씀이 무슨 얘기인지 잘 알 수는 없었지만 간사님께서 나를 돌보시는 그 정성이 나를 감동하게 하여 계속 교회에 출석할 수 있도록 해 주신 것이다. 나뿐만 아니라 다락방 순원 한명한명 모두에게 똑같이 이런 정성과 열정을 쏟으셨던 간사님이셨다.
　간사님은 사람의 마음을 항상 편안하게 해 주시고, 함께 있으면 기쁨이 넘치게 해 주셨다. 이런 간사님을 나는 천사라고 말하고 싶다. 그러하신 간사님이 병이 다시 재발한 것이다. 고통 중에서도 내색하지 않고 순원들을 돌보시며 아픔을 참으셨다. 아프다는 표현이라도 하시지 항상 기도하길 힘쓰고 허리가 아파 앉을 수도 없는 상황에서 새벽마다 하루하루 기도를 붙들고 불철주야 눈물 뿌리며 기도에 온 힘을 다하셨다. 허리로 인해 교회의 긴 의자에 누워서 기도 하시는 간사님의 애뜻한 기도, 병원에서도 전도하기를 힘쓰시고 기도줄을 놓지 않고 기도하신, 평생을 두고 못 잊을 우리 간사님은 최선을 다 하셨던 분이셨다.

전도에 특별한 은사가 있으셨던 간사님은 수많은 분들을 전도하셔서 교회에 새로운 다락방을 16구역이나 개척하셨다. 간사님이 뿌린 복음의 씨앗은 지금도 우리 교회 안에서 영향을 미치고 열매를 거두고 있다. 전도자가 어떠한 사람인가에 따라서 초신자들이 어떤 신앙생활을 하게 되는지 간사님을 통해서 알 수 있었다. 간사님은 영적 통찰력이 있는 분이셨다. 사람과 한 두번 만나서 대화하면 그 사람의 성격, 마음을 꿰뚫어 보시는 분이셨다. 그 사람에 대해 성격을 파악하고, 그 사람에 대해 알맞게 다루시는 분이시다. 그런 간사님은 천사였다.

간사님은 남의 불행을 자기 일처럼 아파하는 분이셨다. 병마와 싸우면서 걷는 것조차도 힘이 들어 자기 몸 하나 가눌 수 없는 상태였다. 몸을 이끌고 전도하려고 힘쓰고 하나님 말씀대로만 살기를 가르쳤다. "항상 감사해라. 그래도 감사해라." 자주 쓰시던 말씀이다. 신앙을 제대로 알고 바르게 가르치는 분이시다. 항상 미소를 잃지 않고, 전도하시기만을 힘쓰셨던 우리 간사님은 유머 감각도 풍부하신 분이셨다. 재미있고 구수한 입담으로 다락방 예배를 인도하셨고, 생활에서 우러나오는 이야기와 가정의 삶을 말씀으로 적용하는 묘미에다, 순장으로서 순원들을 사랑과 정성으로 보살피고 무엇인가를 나눠 주고 싶어 하셨다. "간사님 이것 참 예뻐요." 하면 안 주고는 마음이 걸려 못 버티고 마침내 주시고야 마는 간사님은 화장품, 원피스, 미역 등을 순원에게 나누어 주는, 한 마디로 퍼주기를 좋아하는 스타일의 순장님이셨기에 간사님 주위에는 항상 사람이 몰렸다. 우리 교회를 보면 간사님이 전도한 성도들이 제대로 신앙생활을 하고 계신 것을 볼 수 있다. 간사님에 대한 나의 마음을 글로 다 표현할 수 없다는 게 정말 아쉽고 애석하다. 또한 나를 간사님과 만나게 해 주신 하나님께 감사드린다.

소은숙 · 김현주 간사의 순원으로 빛과소금교회에서
열심히 사역 중이다.

주님 향한 불타는 사랑으로

성경 속의 인물들을 빼고 내가 아는 사람 중에 예수님을 가장 뜨겁게 사랑하며 가장 실제적인 믿음을 가졌던 사람은 바로 현주 언니이다. 1981년 대학에 입학해서 갑자기 주어진 자유에 어쩔 줄 모르고 방황하며 일찍 인생의 허무함을 뼈저리게 체험하고, 대학생활의 의미를 발견하지 못한 채 헤매던 나에게 '당신을 초대합니다. 우리는 당신이 오기를 간절히 소원합니다.' 라고 쓰인, 여름 수련회 홍보를 위해 C.C.C.에서 보낸 간결한 엽서 한 장이 나의 짧았던 방황에 종지부를 찍게 했고, 또 현주 언니와의 만남을 갖는 계기가 되었다.

그로부터 내 대학생활은 C.C.C.와 더불어 숨쉬었고, C.C.C.를 알게 되면서 내 인생은 변했다. 무엇보다 나에게 많은 만남의 축복을 주신 것을 감사하는데, 현주 언니와의 만남은 내 인생에 너무나 값지고 귀한, 하나님이 베푸신 은혜였다.

처음 전주C.C.C. 회관에 머쓱해하며 갔을 때 유독 눈에 확 들어오는 사람은 현주 언니였다. 사람을 보면 얼굴 가득 환하게 피어오르는 미소는 보는 이의 마음까지 밝아지게 했다. 몸에 배인 친절과 겸손으로 상대방을 철저하게 배려하는 마음씨는 알고 보니 언니의 길지도 않았던 신앙의 연조 가운데 강한 성령의 거듭나게 하심에서 비롯된 것이었다. 전주지구 부총순장을 하면서 얼마나 충성스럽고 순원들에게 귀감이 되었던지, 나와 내 친구들은 어떻게 저렇게 사람이 한결같이 충성스러울 수 있을까 신기해 했다. 언니가 부총순장을 하던 때는 가정에 예수 믿는 사람이 아무도 없었고, 단지 믿지 않을 뿐 아니라 무척 완고하셨던 부모님인지라 말할 수 없는 핍박을 받았다. 언니가 주의 일에 열심이면 열심일수록 부모님, 가족들로부터 받는 냉대는 더해 갔다.

이따금씩 언니가 모임에 불참할 경우에는 어김없이 좁은 방에 갇혀서 성경책이 모두 찢겨지거나, 불태워지거나 꼼짝할 수 없는 경우였다. 그럴 때마다 방에 갇혀 방바닥을 기며 울부짖으면서 부모님을 위해서 기도했다는 말을 언니로부터 듣곤 했다. 내가 주 앞에서 목숨이 끊어져도 좋사오니 내 골육이 예수 믿게 해 달라는 피맺힌 기도, 그는 벌써 그때부터 순교자였다.

언니가 대학을 졸업하고, 당당히 간사의 길을 갈 무렵, 그때는 부모님도 거의 포기(?) 상태였다. 그나마 '저 정신 빠진 것을 받아 줄 데가 있다니 다행이다.' 라고 생각하시는 것 같다고 껄껄 웃으며 말하던 언니의 모습이 생각난다. 부모님이 감당 못하게 변화된 딸의 삶을 이해 못하시는 것은 너무나 당연했으리라. 언니가 간사

훈련을 마치고 전주C.C.C.에 간사로 부임했을 때 나는 졸업반이었다. 나는 그때부터 언니를 간사님이라고 불렀다.

간사님은 우리에게 평생순의 비전을 심어 주며 학교는 다르지만 같은 동기인, 열심 있는 자매들 넷을 모아 '나오미순'을 만들었다. 물론 순장은 간사님이셨다. 영순, 숙자, 동옥, 나로 구성된 나오미순은 일주일에 한두 번씩 주로 사랑방에 모여서 「믿음의 여인들」이라는 교재를 가지고 순모임을 했다. 간사님은 성경 속에 나오는 믿음의 여인들의 삶을 조명해 주고, 믿음과 순종을 가르치면서도 특히 여성으로서의 순종의 미덕, 아름다움, 자긍심을 갖도록 세워 주셨다. 우리에게 배우자를 위해서 기도하라며 기도수첩을 갖게 했고, 금식기도, 철야기도를 도전했다.

순모임이 끝나면 특히 배우자를 위해서 뜨겁게 기도했는데, 그때 우리의 표어 "주시옵소서!"를 외치며 함께 웃기도, 울기도 많이 했다. 간사님은 정말 훌륭한 교사였고 영적 어미였다. 그때 함께 순모임을 했던 친구들은 그야말로 지금 모두 사랑받는 아내로, 기도의 어머니로, 교회의 충성된 일꾼으로 귀하게 쓰임 받고 있고, 우리는 간사님의 바람대로 평생순이 되어서 지금도 어떤 일이든 동고동락할 수 있는 소중한 동지가 되었다.

간사님은 또한 어디서나 팀워크를 중시하는 사람이었다. 믿음과 영성이 탁월하면서도 모든 사람들의 존경과 사랑을 받을 수 있었던 것도 늘 자신보다는 상대방을 생각하고 배려하는 마음이 몸에 배어 있었기 때문일 것이다. 우리가 너무나 재미있어 하고, 보람 있어 한 나오미순 모임도 몇 개월하고 종료했던 것은 행여 우리 캠퍼스 담당간사님이 마음에 상처를 받으실까 염려한 때문이었다.

내가 대학을 졸업하고, 자연스럽게 간사의 길을 갈 수 있었던 것도 현주 간사님의 도전과 기도와 후원이 큰 힘이 되었다. 미친 듯이 사는 간사님의 삶이 간혹 부담스럽게 느껴질 때도 있었지만 진한 매력이 있었고, 나도 간사님처럼 살고 싶었다. 나오미순은 지금도 끈끈하게 연결되어 간사님이 성남에 계실 때 서울에 사는 우리들은 아이들을 들쳐 업고 어머니 순모임으로 모여서 아내 교육과 가정생활에 대해 훈련 받으며 흐려진 캠퍼스 때의 꿈을 다시 꾸게 했다.

간사훈련 받기 전, 전주에서 1년간 협동간사를 할 때 졸업하고 마땅한 거처도 없이 배가 고픈 나를 간사님은 한 번도 싫은 내색 없이 집으로 데리고 다니셨다. 짧았지만 위대했던 간사님의 일생을 추억해 보면서 주님을 어떻게 사랑해야 할지 그 이상 나에게 가르쳐 주신 분은 없었다. 처음이나 끝이나 한결 같은, 학교 때는 현주 언니의 믿음과 열정이 부담도 되고 싫을 때도 있었는데, 생각해 보면 반기지 않는 부모님이 계셔서 눈치가 보였을 텐데도 리트릿 끝나고, 새벽이든 늦은 밤이든 언제나 나를 환대하며 귀중한 손님처럼 모셨다. 지금도 간사님과 낄낄대며 만들어 먹던 닭도리탕과 김치찌개가 그립다.

간사님은 그야말로 예수님의 제자훈련의 모범 그대로 제자들과 함께 더불어 살면서 주님을 어떻게 사랑하고, 매순간마다 어떻게 순종해야 하는지 자신을 그대로 보여 주며 가르치셨다. 그에게선 타협도, 나태함도, 불순종의 모습도 본 적이 없다. 변덕이 많은 나로서는 간사님을 보면서 '어떻게 저렇게 일관될 수 있을까?' 시종 기이히 여긴 적이 한 두 번이 아니니까.

얼마 전, 새벽기도 때 참 목자상에 대해서 배우면서 간사님 생각이 나서 엉엉 울었다. 자취하면서 먹는 것도 변변찮을 때, 밤늦게 현주 언니 집에 따라 들어가 부엌에서 달가닥거리며 밥을 차려 맛나게 먹던 기억이 난다. 그때는 간사님도 믿지 않는 부모님 옆에 살면서 부모님 눈치를 많이 봤던 때인데도 나는 염치 불구하고 잘도 따라 다녔다. 생각해 보면 간사님은 그때도 정말 이 땅이 집이 아닌 것처럼 사셨다. 주님을 너무나 사랑해서 빨리 주님께로 갈 수밖에 없었을 것이다. 지금 간사님은 안 계시지만 내게 가르쳐 주신 믿음과 순종의 교훈은 내 가슴에 언제나 살아 있다. 나뿐만 아니라 많은 제자들 가슴에도.

다만, 언제라도 전화하면 목소리 들을 수 있고, 언제라도 맘만 먹으면 달려가 만날 수 있고, 내 어떤 실수나 허물, 실패도 마음껏 털어 놓고 나눌 수 없는 것이 뼈저리게 섭섭하다.

지금도 선교사로 사역하는 남편을 도우면서 어려움에 부딪힐 때면 나는 습관적으로 간사님을 생각한다. '간사님이라면 이럴 때 어떻게 했을까.' 나는 종종 그가 사무치게 그립다. 유쾌한 목소리, 신나게 하는 웃음소리, 우리가 '쌍칼전법'이라던 그의 제스처까지…. 길지 않은 인생을 예수님처럼 바울처럼 살다 가버린 여인. 재회의 소망이 있다 할지라도, 나에게서 지금 위대한 스승, 훌륭한 상담자를 뺏어 가신 하나님이 그래서 나는 야속하다.

신미라 · 김현주 간사의 순원으로
지금은 인도네시아에서 선교사로 사역 중이다.

온 몸으로 주님을 사랑하여

　'나의 사랑하는 간사님, 성경에 나오는 많은 믿음의 여인들의 삶을 나누면서 그들이 어떻게 하나님을 섬겼는지 가르쳐 주시며 성령에 취해서 흐느낌으로 간절히 기도하던 한나의 열정적인 기도를 배우게 하셨고, 당당하게 민족의 아픔과 고통을 짊어진 사사로서 이스라엘 민족을 이끌었던 드보라의 당당함을 몸으로 가르치며 그렇게 기도하셨던 나의 사랑하는 간사님. 당신은 성경의 그 어느 여인보다 온 몸으로 주님을 사랑하셨고 사랑으로 제자를 키우셨으며, 하나님의 사랑을 삶의 모범으로 전하신 산 증인이셨습니다.'

　'하나님은 자매님을 사랑하시며 자매님을 위한 놀라운 계획을 가지고 계십니다.' 푸른 잔디밭에 앉아 작은 소책자 하나를 들고, 지나가는 구경꾼(?)은 전혀 개의치 않고 열심히 하나님의 사랑을 전하시던 간사님의 모습은 C-man이 아니더라도 캠퍼스의 학생들이면 누구나 쉽게 볼 수 있는 아름답던 모습이었다. 캠퍼스 곳곳을 누비며 학원 복음화와 민족과 세계의 복음화를 위해 전하시고, 캠퍼스 어느 곳이건 잔디밭 어느 구석이건 성령의 인도하심에 따라 무릎 꿇고 기도하시던 모습이 지금도 생생하다.

내가 교육대 다닐 때 간사님은 우리 캠퍼스를 담당하셔서 빈 강의실이나 강의를 기다리며 도란도란 학생들이 모여 있는 곳, 그리고 오르간실(특별히 교육대는 개인 오르간 연습실이 있음.)이며 잔디밭에 앉아 있는 학생 등 눈에 띄는 모든 사람이 간사님께는 물고기를 만난 어부처럼 반갑기만 했고, 그냥 지나치지 않으시고 꼭 4영리를 전하셨던 모습이 지금도 눈에 선하다.

매일 점심시간에 드려지는 예배 인도를 위해 친히 준비해 오신 도시락을 나누며 여러 가지 가정 문제와 학업 문제 등을 상담해 주시고, 한 사람 한 사람씩 붙잡고 내 일처럼 기도해 주실 땐, 간절하면서도 영을 꿰뚫는 듯한 그 기도에 답답하고 낙심되던 심령이 영적 시원함과 해방감을 느끼며 주님의 평안함에 거할 수 있도록 인도하셨던, 그야말로 강하고도 힘 있는 기도를 드리시곤 하셨다.

이제는 두 아이의 엄마가 되어 있건만 살아가면서 풀리지 않는 답답한 상황에 처할 때마다 간사님의 속시원한 상담과 파워 있는 기도를 받고 싶을 때가 한 두 번이 아니다. 하지만 그때의 가르침과 기도가 부족하나마 하나님을 사랑하는 삶을 살아가는 데 원동력이 되고 있음을 고백한다. 간사님의 사랑과 가르침 덕분에 나를 비롯한 많은 제자들이 각기 직장에서 성실한 청지기의 삶을 살고 있으며, 하나님의 교회를 섬기기 위해 자신을 희생하면서까지 가까이에서 충성하고 봉사하는 아름다운 모습들을 보며 다시 한번 사랑과 가르침에 감사드릴 뿐이다.

언젠가 새학기 임원이 된 형제 자매들이 회관에 모여 일주일 동안 생활훈련을 받은 적이 있었는데, 이른 새벽부터 경건의 시간을 통해 하루의 시간을 어떻게 드릴 것인지 기도와 말씀으로 묵상하고 각자의 캠퍼스에서 공부한 후 4영리 전도와 순모임으로 시간을 드리다가 다시 회관으로 돌아온 형제 자매들이 각자의 하루 삶을 나누므로 온전히 시간을 드리는 생활훈련을 받은 적이 있었다. 그 때 들었던 크리스천의 명쾌한 이성교제에 대한 강의는 지금의 남편을 만나 행복한 믿음 생활을 할 수 있도록 도왔다. 간사님께서 좋은 남편과 결혼할 수 있도록 소개시켜 주어 만나 결혼했고, 나의 결혼생활에 관심을 보이며, 남편이 제약회사에 근무하여 간사님 투병 가운데 좋은 약으로 섬길 수 있어 감사했다. 틈나는 대로 무릎 꿇고 기도하시던 간사님의 모습은 하루에 한 번이라도 하나님의 집에 가서 기도하지 않고는 못 견디게 하는 좋은 습관을 지니게 했다. 또한 식사시간마다 친히 이것저것 요리해 주셔서 영과 육이 고루 살찌게 하시고, 리트릿 때는 온밤을 같이 지새며 찬양하고 기도하며 상담을 통해 형제 자매들에게 유쾌한 해결과 기도제목을 제시해 주셨던 사랑 많으신 나의 간사님이셨다.

한 가지 지금도 잊혀지지 않는 나와 간사님만의 작은 비밀이 있다. 생활훈련 하던 어느 저녁에, 다음날 아침 국거리를 위해 시장에 같이 가자고 하셔서 물건을 사기 위함이라 생각하고 따라나섰는데, 간사님께서는 부식품은 사지 않으시고 배추와 무우를 대량으로 판매하는 커다란 가게 앞으로 가시더니 여기저기 떨어진 시래기들을 주워 모으셨다. 시래기며 무청은 우리 몸에도 좋을 뿐 아니라 맛도 일품이니 그것으로 다음날 아침 된장국을 끓여 주시겠다고 하셨다. 나는 그제서야 임원들의 적은 회비로도 풍성하게 먹이셨던 간사님만의 사랑의 수고를 깨달았고 마음에 진한 감동이 느껴지면서 눈물이 핑 돌았던 기억이 난다. 엘리야의 까마귀처럼 먹이시고 말씀과 기도로 훈련하셨던 간사님의 가르침에 조금이나마 보답하고자 부족하나마 베푸는 삶을 살고자 노력하고 있다.

우리 한사람 한사람을 사랑하시고 각자에게 하나님의 놀라운 계획을 가지고 계신 하나님께서 간사님의 삶을 창세 전부터 예비하시고 가족을 구원하시며 캠퍼스와 이 땅의 복음화를 위한 통로로 사용하셨음을 깨닫고 감사드릴 뿐이다. '나의 등뒤에서 나를 도우시는 주'를 우리에게 가르쳐 주시고, 찬양이라기보다는 간절한 고백으로 드렸던 간사님의 기도를 떠올려 본다.

"나의 등뒤에서 나를 도우시는 주 나의 인생 길에서 지치고 곤하여 매일처럼 주저앉고 싶을 때 나를 밀어주시네."

신민옥 · 김현주 간사의 순원으로 현재 초등학교 교사로
아이들을 가르치고 있다.

사랑 향기 나는 여인

　목포C.C.C. 나사렛으로 평상시 간사님의 삶은 나에게 큰 격려와 도전이 되었다. 건강하실 때 서울 우리집에 온 가족을 초대하여 경기도 일대와 통일전망대를 여행하며 분위기를 만들어 우리들을 재미있게 웃기시던 기억들이 새록새록 떠오른다.
　1995년 여름 김현주 간사님께서 가슴에 콩알만한 혹이 있어서 병원에 입원했다는 전화가 왔다. 무거운 걸음으로 찾아갔을 때에는 말씀을 읽으며 병실에 있는 다른 환자에게 복음을 전하고 있었다. 몇 주 간의 수술과 치료를 마치고 가정에 내려간 후 방문했을때도 그 분의 얼굴은 환한 달처럼 빛나고 있었다.
　그 후 몇 차례의 본격적인 항암치료에 돌입했을 때에도 슬픈 기색, 두렵고 염려하는 마음보다는 평안으로 안정되어 있었다. 항암치료로 인해 장작처럼 굳어버린 팔목을 안고도 여유와 미소, 주님에 대한 기쁨과 감사가 넘쳐 흘렀고, 암에 대한 두려움과 미래에 대한 불안보다는 오늘을 주신 주님께 감사하고 만족하는 모습은 성숙한 그리스도인의 참 모습이었다. 주님은 그 분에게 있어서 참 평안이요, 사랑이요, 복음이었던 것을 볼 수 있었다.

전북대병원에서의 수차례의 항암치료는 너무나 힘든 과정으로 자신의 몸을 가누기에도 힘든 처지일 텐데 그 상황에서도 다른 사람에 대한 배려와 이웃 환자에 대한 사랑과 기도와 전도의 삶을 살고 있었다. 이러한 모습은 성숙한 그리스도인들에게 나타나는 아름다운 삶일 것이다. 성한 나 자신과의 모습을 비교해 볼 때 부끄러운 자신의 모습을 지울 수가 없었다. 뜨겁게 주님을 사랑했던 모습, 임종 직전까지도 다른 환자에게 복음을 전하다 간 복음의 열정 앞에 나의 삶이 경건해진다.

주님께서 "평안을 끼치노니 곧 나의 평안을 너희에게 주노라." 라고 하신 것처럼 김현주 간사님은 사경을 헤매면서도 마음에 안정과 평안을 느끼고 있었다. 전쟁에 떠나는 한 병사가 자신의 주머니에 꽃씨를 꼭 안고 가서 전사했을 때 전사한 그 자리에는 봄철에 꽃무리가 되어 피어났다던 이야기와 같이 주님을 사랑하고 복음을 전했던 한 인간의 죽음에서 사랑의 한계점은 어디까지인지를 다시 느껴 보게 된다.

목포C.C.C. 사역에서도 생전에 뿌렸던 복음의 씨앗과 사랑과 수고의 열매가 얼마나 많은가. 그 분이 뿌린 사랑과 기도와 믿음의 터 위에 목포C.C.C. 학생들은 생명의 전달자로서 중인의 삶을 살고 있지 않는가.

죽음 앞에서 생명을 걸고 처절하게 기도 드렸던 김현주 간사.

그 기도를 주님은 들으시고 간사님을 부르셨지만 절대선이신 하나님의 계획임을 믿고 감사를 드릴 수밖에 없다. 가정에서도 현숙한 아내로서 남편의 사역을 위해 내조하고 자녀들에게도 신앙의 바른 삶을 가르치는 데 모범을 보이고 교회에서도 간사님이 끼친 삶의 영역은 넓게 번져 가고 있었다.

주님을 믿고 복음을 전하는 한 사역자의 삶이 얼마나 찬란하게 빛나고 풍성한 열매를 맺을 수 있었는가는 그가 처한 환경과 상황에서 살펴 볼 수 있다. 기나긴 시간 암과 싸우면서 주님께서 주셨던 평안을 안고, 그 주님을 생명으로 전하면서 향기로운 삶을 살았던 김현주 간사님의 생애를 그리며 오늘 나의 삶을 채찍질한다.

김양성 · 목포C.C.C. 나사렛형제들
현재 구리초등학교 교장으로 아이들과 함께 생활하고 있다.

긍정적이고 적극적인 삶

내가 최근세 목사님과 김현주 사모님을 처음 만나게 된 것은 C.C.C. 회관 건너편 양을산 아래 새로 이사 오신 집에서 삼겹살을 구워 먹으며 여러 형제들과 함께 집들이하는 곳에서였다. 김현주 사모님께서는 목사님과 함께 필리핀에서 3년 이상을 계시다 돌아와서 성남C.C.C를 목사님과 함께 개척하신 후 목포에 오셔서 최 목사님을 도와 10년을 넘게 사역하시다 하나님 품으로 가신 분이셨다.

목포에서 생활하시는 동안 보이지 않는 곳에서 항상 사랑을 심는 분이셨고, 다정한 인사와 해맑은 미소를 가지신 분이셨다. 또한 목포회관의 어머니와 같이 세대와 계층을 초월하여 누구에게나 오랜 친구처럼 포근한 감정을 가지신 분이셨다. 나사렛들이 고민하고 걱정하는 삶의 현장에는 사모님의 기도와 관심이 있었고, 성숙하지 못한 야곱의 장래를 위해 흘리는 리브가의 눈물과 같은 눈물의 기도를 많이 쏟으신 분이셨다.

그 분의 대화는 늘 긍정적이고 적극적이었다. 한이 많고 소극적이고 패배의식을 가진 지역의 젊은 학생들에게 부드럽지만 강하게, "변화를 두려워 말고 인생의 시련과 역경을 두려워하지 말라! 시련과 역경을 두려워하는 습관과 익숙한 의식에서 결별하라!"라고 단호하게 외치는 분이셨다. 소극적이고 부정적인 삶에 대해서는 너무나 단호하면서도 눈물이 많은 분이셨다. 나사렛 회장을 하던 형제가 서울로 발령을 받고 떠나게 되었을 때 눈물을 흘리며 아쉬워하던 모습이나, 시아버지의 도움으로 새 아파트에 입주하면서 형제들보다 먼저 새아파트에 살게 된 것을 무척이나 미안해 하던 모습 등 평범하지만 돕고 세우는 삶이었다. 누구나 쉬고 싶고 가족 간의 즐거운 시간을 가질 주말을 불우 노인을 위한 급식센터에서 보냈다. 은혜와 은찬이를 보면서 사모님의 삶을 본 듯하다. 엄마가 없는 슬픔이야 어떻게 잊을 수가 있으리요마는 친구들의 사랑을 듬뿍 받으며, 학교의 온갖 상을 다 받아 오고, 대학생들도 부담되는 단기선교에 자원하여 참여하는 것을 보면서 긍정적이고 적극적으로 살았던 사모님의 모습을 본다.

    5년의 투병 생활 동안 무거운 병원에서도 위로를 받는 환자가 아니었고, 위로와 격려, 용기와 비전을 주는 환자 아닌 환자였다. 병실 안의 환자에게 복음을 전하여 병실을 복음화하고 환자 가족에게까지 그리스도의 사랑을 전해 병원에 파송받은 선교사 그대로였고, 마음의 병을 치료해 주는 의사였다. 5월 어느 주말 사모님을 문병하기 위해 전국 각지의 목포 나사렛 병원에 모였다. 사모님은 너무나 기뻐하면서 "좋은 일로 반갑고 그리운 사람들이 이렇게 모였으면 얼마나 좋겠어요. 그러나 이렇게 모였으니 목포C.C.C. 선교센터를 위해 마음을 모으고, 저를 위해 드리는 기도와 더불어 새로 구입한 부지 위에 목포 나사렛의 사랑과 정성을 담은 건물을 드리기 위해 기도해 달라."는 부탁이었다.

세상 사람들은 이야기한다. 내일 당장 죽을지라도 원함이 없는 사랑을 받고 싶다고! 김현주 사모님은 길지 않은 인생을 살았지만 행복한 여인이기도 했다. 너무나 어질고 착한 남편을 만나서 그와 더불어 지상의 가장 아름다운 사랑을 나누었고, 주위에 긍정적이고 적극적인 삶의 모델이었을 뿐만 아니라 목포C.C.C.와 나사렛형제들과 가장 깊은 사랑의 교제를 나눈 믿음의 여인이었다. 누구나 이야기한다. 인생은 만남이고 헤어짐이라고. 모든 만남이 다 기쁜 것만은 아니지만 김현주 사모님과의 만남은 너무나 기쁜 만남이었다. 그래서 헤어짐은 쓰라리다. 그러나 그 분이 주고 가신 족적 속에서 희망의 메시지를 본다. 그리스도의 향기요, 편지로서 범사를 긍정적이고 적극적으로 살았던 사모님의 삶은 "우리가 다 하나님의 아들을 믿는 것과 아는 일에 하나가 되어 온전한 사람을 이루어 그리스도의 장성한 분량에 이르리라."(엡 4:13) 라는 말씀으로 요약할 수 있을 것이다.

박계홍 · 대전C.C.C. 지도교수, 대전대 경영학과 교수로
강단에서 주님의 향기를 나타내고 있다.

분위기 메이커

　대전에서 살다가 남편이 목포에 있는 대학으로 발령을 받아 교회를 정하는 것이 고민이었다. C.C.C.에서 훈련받아 목포C.C.C. 대표간사님과 연락되면서 같은 교회를 다니며 김현주 간사님과 교제를 갖게 되었다.
　간사님은 처음에 모자를 쓰고 계셨는데, 엷은 미소를 띠고 계셨다. 나는 모자를 쓰고 있는 이유를 몇 번의 만남을 통해 알게 되었다. 항암제 치료로 머리털이 빠졌기 때문이었다. 간사님은 먼저 자신의 병에 대해 숨기지 않으시고 나에게 말씀하셨다. 처음에는 누구나 자신을 내 놓기가 쉽지 않은데, 간사님이 그렇게 대해 주시니 나도 간사님과 빨리 가까워진 것 같다. 이와 같이 간사님은 자신의 병을 숨기지 않으셨고 주님을 위해 사용하기를 원했던 것 같다. 바울의 가시에 오히려 "나의 은혜가 족하다."라고 주님이 말씀하신 것처럼 간사님은 자신의 가시를 통해 더 많은 사람을 구원하는 일에 사용되기를 원했다. 나와의 만남도 그렇게 시작되었다. 간사님의 엷은 미소는 모든 사람에게 항상 친근했고, 그녀를 생각하는 사람은 그 미소를 잊을 수가 없을 것이다.

간사님은 사람들의 영혼에 관심이 많았다. 항상 그들의 생활의 어려움을 통해서 접근했고, 그 필요를 채워 주면서 하나님 나라를 전하셨다. 간사님은 넉넉한 살림이 아니면서도 집안에 있는 물건이나 먹을 것 또는 여러 가지 것들을 챙겨서 나가신다. 전도할 사람을 집집마다 찾아다니시면서 그들을 만나 자신의 마음과 나라를 전하신다. 얼굴도 모르면서도 만나기에 앞서서 한 달 이상 기도로 준비하시고 그 집을 방물할 때도 있다. 여호와의증인을 믿고 있는 자매가 있었는데, 간사님은 그것을 미리 알고 기도하고 찾아갔다. 그 자매는 처음 만나는 간사님이 천사와 같았다고 내게 고백하기도 했다. 꾸준히 접촉하면서 말씀을 전하였고 결국에는 그 자매의 마음에 자신이 믿고 있는 것이 잘못되었음을 깨닫게 되었다고 한다.

또 다른 자매는 괜찮은 환경에서 살았는데 돈놀이를 하다가 일이 잘못되어 빚에 몰리게 되었다. 간사님은 이것을 알고 늘 찾아가서 하나님을 의지하도록 격려함으로 교회에 연결되도록 하셨다. 이렇게 해서 전도한 자들이 몇 명 모이면 성경공부를 시작하여 교회에 연결되도록 하신다. 이렇게 해서 전도한 사람이 꽤 많다. 그들 중 어떤 사람은 자신의 영적 어머니라고 말하기도 한다.

간사님은 사역할 때에 사람에 대한 열정이 유달리 많았다. 마지막으로 제자훈련을 교회에서 인도하셨을 때, 몸이 너무 불편하니깐 사람들을 집으로 오라고 해서 성경공부를 인도하기도 하고 어떤 때에는 일일이 한사람 한사람에게 편지를 보내면서 심방했다. 자신의 마음을 메모로 써 주기도 했다.

사람을 사랑한 것의 대표적인 표현이 무엇보다도 중보의 기도가 아닌가 한다. 간사님은 기도하기 위해 매일 교회에 가신다. 의자에 누워 기도를 하시는데 손에는 기도노트를 들고 계신다. 깨알같이 사람들의 이름과 기도제목을 적어 그들을 위해 기도하신다. 기도하고 있는 자를 방문하여 전도를 하는 경우에 거절하는 경우가 있어도 낙심하지 않으신다. 주님을 믿을 때까지 웃으며 사랑하는 마음으로 찾아 가서 전도하신다. 그녀의 모든 사역은 사람을 사랑하는 마음이 없으면 도저히 이루어지기 힘든 것 같다.

나는 간사님과 그리 많은 시간을 함께하지는 못했다. 그럼에도 가깝게 느껴지는 것은 그 분이 맡아서 했던 일들을 병으로 인해 못하게 되었을 때 내가 맡게 된 경우가 있어서이기도 하다. 간사님이 인도하던 다락방 성경공부와 C.C.C.의 무료급식이 대표적인 것이었는데, 나 또한 처음에는 이사 와서 적응하고 있는 상태라 좀 어려웠다. 간사님은 여러 가지 격려와 사람에 대한 지혜를 나누어 주셨다. 기도도 함께 해 주셨고 당신이 하지 못해 내가 그 일을 맡아 애쓴다고 하면서 미안해하기도 하셨다.

성격이 활달한 것도 나와 잘 맞아 농담도 잘하면서 화기애애했었다. 간사님이 있는 곳에는 분위기가 항상 재미있고 좋은 분위기 메이커였다. 그도 그럴 것이 간사님이 사람을 좋아할 뿐만 아니라 그 사람의 삶에 대한 이야기를 즐겨 듣기를 좋아했다. 아프실 때에도 우리 같으면 만사가 귀찮을 것 같은 데도 누워서도 그 이야기를 들으시면서 깔깔거리며 즐거운 시간을 보내기도 했다. 꼭 신앙적인 이야기만을 하신 것은 아니었다. 하루는 한 자매가 형제를 어떻게 만났는가에서부터 남편과의 부부관계의 어려움에 이르기까지 상담해 주고 이야기하다 보면 하루가 짧다.

몸이 많이 아프실 때는 함께 식사하기도 힘들어서 그 몸으로 초대에 오실 수 있을까 고민하면서 초청하는 경우도 있다. 그러나 간사님은 오히려 기뻐하면서 사람 많은 곳에 와서 함께 먹고 함께 어울리기를 원했다. 힘든 몸을 이끌고 오시기도 하셨다. 그래야 더욱 건강을 찾는 거라고 하신다. 사람을 좋아하시기에 그들과 함께 어울릴 때는 전혀 아픈 사람이 아니다.

간사님은 '목사 사모님'이라는 호칭을 싫어하시는 것 같았다. 사람들과 가까이 하고 싶은 마음 때문이란다. '목사 사모'라고 하면 자신을 대할 때 어려워할까 하는 것 때문이리라. 사람들을 만나면 화통하고 솔직 담백하여 누구나 간사님과 대화하면 어느새 자신의 속사정을 이야기하게 되고 간사님 역시 자신을 솔직히 드러내신다. 체면과 겉치레를 벗어버린 모습으로 말이다.

지금 그 분이 우리 곁에는 없어도 그 분이 끼친 영향력이 아직도 많이 남아 있는 것을 본다. 그 전에 예수를 전혀 모르던 사람이 간사님을 통해 믿음을 갖게 되어 신앙생활 잘하고 있는 모습을 보면서 간사님이 받을 면류관을 생각해 본다. 나에게는 어떤 일을 할 때 간사님이 남기신 말이나 생활 속에서 끼치신 영향력이 아직도 크게 느껴진다.

한명임 · 목포로 이사오게 되어 김현주 간사를 만나게 되었고, 현재 빛과소금교회 집사로 사역 중이다.

내 인생의 청사진이었던 님이여

캠퍼스 시절 유독 C.C.C.를 사랑하여 어느 모임 하나 소중하지 않은 것이 없었으나, 입버릇처럼 고백하기는 그 시절 가장 소중했던 시간은 성경 속의 믿음의 여인들을 살피며 삶을 나누었던, 사모님과 함께한 3, 4학년 자매 모임이었다.

거무스름한 피부에 하얀 송곳니까지 드러나는 웃음, 덥수룩한 퍼머 머리에 구수한 입담, 긴 치마를 좋아하시고 스카프를 즐겨 두르시던 사모님. 세련될 것도 남달라 보일 것도 없는 두 아이를 가진 30대 중반의 평범한 아줌마. 그러나 그 분은 늘 활짝 머금은 미소와 영혼에서 흘러나오는 맑은 웃음소리를 가지고 계셨다. 특별히 말씀을 많이 하는 것도 아니었다. "경원아, 어떻게 생각해?" 오히려 말하기보다 듣기를 즐겨하셨던 사모님. 그 분의 작은 일상 속에서 길어 올린 생생한 간증을 들을 때마다 우리의 삶 속에 어쩜 그렇게도 비밀한 성경의 원리가 숨겨져 있나 놀라곤 했다.

그래서인지 그 시간엔 나눔이 깊었고, 눈물이 많았으며, 웃음이 넘쳤다. 우리는 모두 그 순모임을 사랑했고 일주일 동안 기다렸으며, 그 말씀으로 또 일주일을 살았다. "우리, 주님 사랑하자. 죽도록 사랑하자. 주님 사랑하면 팔방미인이 되는 것 같아." 하시며 소녀처럼 웃으시던 사모님. 그 분은 하나님이 보내신 팔방미인이었다.

하늘의 축복을 한껏 받던 날, 7년의 연애 끝에 결혼식을 올리며 신혼여행을 떠나기를 부푼 마음으로 기다리고 있었다. 예정된 날 아침 갑작스런 폭설과 비행기 결항으로 예약을 미루었고 다음날 저녁에도 출발할 수가 없었다. 다음날 아침 갑작스런 사모님의 부음 소식은 그토록 내가 사모했던 사모님의 가시는 마지막 걸음을 가까이서 지켜 볼 수 있게 하시려는 하나님의 배려였음을 깨달을 수 있었다.

지금 뵙지 않으면 다시는 못 뵐 것 같아 지난 크리스마스 때 부랴부랴 전북대 병원에 찾아갔었는데, 그 만남을 마지막으로 하고 사모님은 그렇게 주님 품으로 가셨다. 마지막으로 뵈었던 병상에서도 성탄 찬양을 함께하자며 주님을 찬송하시던 우리 사모님. 내년엔 목포C.C.C.에 간사 두명이 온다면서 "할렐루야" 기도의 응답이라 외치시던 사모님. 그 분은 긴 투병생활 가운데도 늘 감사와 기쁨을 간직하며 문병 온 사람들에게 오히려 격려와 힘이 되셨다. 복음으로 똘똘 뭉친 전도자의 특권을 누리며 환자들에게 4영리를 전하고, 주님 부르신 순간까지 깨알같이 써 놓은 중보 기도노트를 손에서 떼지 못했던 그는 우리가 배웠던 성경 속의 믿음의 여인, 기도의 여인이었다.

'김현주 사모님, 당신은 저의 인생의 청사진이십니다. 경험해 보지 않은 미래를 어찌 살아야 할지 가르쳐 주신 위대한 스승이십니다. 어떻게 살아야 하고 무엇을 위해 살아야 하는지 당신을 통해 이미 보아버렸고, 알아버렸기에 저는 더 이상 두렵지 않습니다. 밀알처럼 살다 가신 당신의 기도 덕에 목포엔 복음화의 꽃이 활짝 필 것 같습니다. 당신의 눈물의 기도, 그 열매를 따게 될 것 같습니다.'

박경원 · 목포C.C.C. 간사로 사역 중이다.

아~ 좋은 사람

'좋은 사람' 이라는 시를 읽는 순간 1년 전 하나님의 부름을 받아 천국으로 간 친구가 생각났습니다.

아~ 좋은 사람

마음이 통하는 사람을 만났습니다.
자신의 '부족함' 에 대해 이야기하더군요.
하지만 나는
그 사람의 얼굴에서, 말에서, 몸짓에서
넘쳐나는 '충족함' 을 보았습니다.

전화 목소리만 들어도 왠지 편안해지는 사람을 만났습니다.
자신의 '조급함' 에 대해 이야기하더군요.
하지만 나는
그 사람의 일상에 깃들어 있는 '여유로움' 을 읽었습니다.

자주 얼굴이 붉어지는 사람을 만났습니다.
자신의 '우유부단함' 에 대해 이야기하더군요.
하지만 나는
자신에게는 말할 수 없이 엄격하면서도,
다른 사람들에게는 늘 이해와 아량으로 대하는
그의 삶에서 진정한 '단호함' 이란 무엇인가를 느꼈습니다.

사람 향기가 물씬 묻어나는 사람을 만났습니다.
자신의 '교만함' 에 대해 이야기하더군요.
하지만 나는
약하고 보잘것없는 사람들 앞에서는 자신을 한없이 낮추면서도,
힘으로 남을 억누르려 하는 자들 앞에서는 한치도 물러서지 않는
그 사람의 행동에서 진짜 '겸손함' 을 배웠습니다.

문득문득 그리워지는 사람을, 비로소 만났습니다.
자신의 '좁은 식견' 에 대해 이야기하더군요.
하지만 나는
그 사람의 눈동자에서 원대한 '꿈과 이상' 을 엿보았습니다.
참, 흐뭇한 날이었습니다.

이렇듯 좋은 사람을 친구로 둔 나는

정말로 행복한 사람임에 틀림없습니다

위의 시를 읽는 순간, 김현주 간사가 생각났다. 망설일 시간도 없이 곧바로 일기장을 펼쳤다. 시와 함께 1년 전 하늘로 간 그 친구를 기억하며 이렇게 글을 적었다.

참으로 숭고하리만치 아름다웠고 자칭 복된 삶을 살았던 그 친구가 천국에 간 지 벌써 1년이나 되었다. 유방암 진단을 받은 지 5년 만에 긴 투병생활을 마치고 하늘의 부름을 받아 이 땅을 떠난 지가 벌써 1년이나 되었다니. 발병했을 때의 놀라움, 불안과 공포, 두고 떠나야 할 자신의 심장과도 같다던 가족들, 꽃 같은 나이 서른 중반에 사랑하는 가족을 두고 생을 마감하는 것은 아닌지, 얼마나 많은 시간들을 불면의 밤으로 지새우며 몸부림치며 살려 달라고, 살아야만 한다고 기도하고 또 기도했을까.

밤이면 아이들을 옆에 뉘여 재우고는 자다말고 깜짝 놀라 자고 있는 아이들을 더듬는다고 아이들이 손에 잡힐 때 '휴~ 내가 아직 살아 있구나. 하나님, 감사합니다.' 라고 조용히 기도한다는 친구의 그 말이 하늘로 간 지 1년이 지난 지금도 문득 문득 떠올라 나의 가슴에 아픔과 눈물이 되어 흐른다. 투병 기간이 오래 지속되는 동안, 자신을 병상에서 이토록 오래 있도록 하신 것은 하나님의 분명한 뜻이 있는 거라며 자신의 기도가 무참히도 거절당하고 있는 그 순간에도 하늘을 향한 원망보다도 하늘의 뜻을 생각하는 신심이 돈

독했던 그녀를 생각해 볼 때마다 이토록 아름다운 여인이 또 있을까 하는 생각이 든다. 가엾다는 생각에 앞서 숭고하기 그지없는 거룩한 여인이라는 생각이 들었었다. 그리고 어느 순간부터였을까. 그녀는 초자연적인 힘으로 이미 자신의 마음을 다스리고 있었고, 성령 충만한 모습이 되어 평안한 미소와 웃음으로 오히려 병실의 환자들을 위로하고 복음 전하는 것과 기도하는 일에 전념하고 있었다. 그리고는 하나님께서 자신을 통해 하시는 일들을 병상일지와 함께 날마다 기록하고 있노라 말했다. 위로차 병문안 가면 어김없이 나는 그녀로부터 위로를 얻고 왔으며 그녀를 만남으로 오히려 내가 그녀 안에 계신 성령의 참 평화를 맛볼 수 있었으니 생각해 보면 그녀의 투병기간에 큰 득을 본 사람은 바로 나였던 것이다.

　남편의 직장 따라 이 도시 저 도시를 떠돌던 중 객지생활의 외로움이 물밀듯 밀려와 마음이 통하는 한 사람이 그리울 즈음 목포 C.C.C.에서 그녀를 처음 만났다. NLTC 트레이너로, 사랑의 무료급식 동반자로, 고민을 이야기하면 끝까지 들어주며 위로를 아끼지 않았던 상담자로, 친구로… 남편의 이야기, 어려운 숙제 중의 숙제 아이들 키우는 이야기 그리고 남녀 사이의 미묘한 감정들에 대한 속 이야기까지 함께 얘기하다 보면 시간 가는 줄 몰랐던 마음이 통하는 친구, 나의 투정 어린 말들과 의견충돌로 생각 없이 퍼붓는 나의 원망의 말들까지 모두를 빙그레 웃으며 받아 주었고, 사랑으로 다독여 주기까지 했었던 항상 언니 같은 그녀. 자신이 아끼는 물건이라도 예쁘다 말 한마디 던지면 그 자리에서 싸서 넣어 주던 정말이지 너무나 욕심이 없던 그녀. 그녀의 5년의 투병기간은 다른 이의 수십 년 값진 삶보다도 더 값진 삶이었다. 한 치 후회함도 없이 거룩하게 살다간 다시 없는 천상의 여인 이것이 바로 그녀의 천국 묘비에 새겨져야 할 글인 것이다. 마음으로부터 사랑과 존경을 하지 않을 수 없게 만든. 그 곱디고운 마음의 소유자가 바로 그녀였음을. 하나님의 부름을 받기 일주일 전 전북대병원, 목포에서 목사님께서 병문안 오신다 하여 헝클어진 머리를 빗겨주고 손수건에 물 적셔 얼굴 닦아주고 입술이 파랗다고 립스틱이라도 바르자며 오랜 병상으로 립스틱조차도 먹히지 않는 말라붙은 그 입술에 아픈 마음 애써 감추고 정성 들여 립스틱 발라주고는 "훨씬 낫네"라며 깔깔 소리내 웃던 그녀와 나.

떠 먹여 주던 음식조차 넘어가지 않는다 했고, 허리를 펼 수 없을 만큼 통증이 있어서 몸을 자꾸만 이리 저리 뒤척여야 했음에도 최선의 모습으로 나를 대하려고 애써 웃음을 보여 주었던 것에 둔감했던 나는 그것이 천국을 알리는 그녀의 마지막 몸짓이었음을 미처 깨닫지 못했던 것이다. 그녀에 대한 나의 기억은 거기서 멈췄다. 이제 나는 결혼 후 남편 따라 객지로만 떠돌게 된 지도 16년째 마음에 맞는 좋은 사람을 만나 함께 삶을 나눌 수 있었으면 하는 바람도 나의 욕심임을 깨닫게 된다. 김현주 간사 같은 좋은 사람을 경험한 이상 더 이상의 좋은 사람을 느낄 수 없음은 이제 김현주 간사가 남기고 간 기억들을 더듬어 그 아름다운 마음을 닮은 좋은 사람이 바로 내가 되어야 한다는 것을 깨닫게 되었고 그것이 하나님께서 그녀의 죽음을 통해 내게 주신 가슴을 찌르는 메시지였으므로 아마도 나는 그녀를 닮은 모습이 되어 나를 필요로 한 사람들에게 그녀에게 받은 사랑을 그대로 나눠주어야 하는 숙제를 부여받은 것이리라.

송우경 · C.C.C. 간사를 역임하고
현재 전주안디옥교회에서
주님을 위해 삶을 바치고 있다.

내 신앙의 상담자요, 격려자

김현주 간사님을 알게 된 지 어느덧 10년하고 3년이 더 지났다. 1989년 대학 4학년 때 익산C.C.C.에 간사님 부부께서 부임해 오셨다. 3월 학기초 순장수련회 때 두 분 간사님의 열정과 믿음을 보며 나는 정말 부러웠고, 눈물 흘리며 깊은 감명을 받았다. 순장수련회를 하면서 불편한 몸으로 올라갔던 시온산기도원에서 감사한 마음으로 훈련받기까지 힘이 되어 주시고 포근하게 격려해 주신 간사님. 3학년까지 신앙생활을 게을리했었기에 그 동안 못했던 것들을 하고 싶어서 모임마다 참석하고 4학년이지만 편집순까지 맡아 적극적으로 활동했다. 최근세 간사님과 김현주 사모님께서 각종 모임과 정기 채플, 리트릿 등을 통해 다양한 특강들을 열심히 강의해 주셨다. 그것이 훗날 많은 형제 자매들이 간사 지원을 하는 동기가 되었다.

간사님과 함께하면서 간사의 삶에 대해서 깊이 생각하게 되었고, 간사님께 조금이나마 힘이 되어 드리고 싶었다. 강의 끝나면 회관 지하 기도실에서 매일 한 시간 이상씩 기도하면서 4학년을 보냈다. 그해 가을 눈물을 글썽이시며 두 분께서는 필리핀으로 가셨다. 필리핀 신학연수와 그곳 사람들에게 복음을 전하기 위해서였다. 한동안 정신적으로 힘들었다. 많이 의지했었기 때문이다. 그래서 일주일 간격으로 편지를 많이 보내 드렸고 소식이 늦어지면 염려가 되었다. 나의 영적인 딸인 은선이와 봉순이가 전도하여 딸을 낳았을 때 복음의 세대가 늘어나는 것을 기뻐하실 간사님이 맨 먼저 떠올라 막 달려 가서 자랑하고 싶었다. 3년 후 간사님께서는 세 식구가 되어 돌아오셨다. 나에게 참으로 기나긴 3년이었다.

언제나 나의 영적인 엄마, 아빠로서 영의 양식을 먹여 주시며 나의 영적 상태에 대해 하나님 다음으로 관심을 주셨던 사랑하는 간사님. 우리의 자라나는 모습 하나 때문에 울고 웃으시는 분, 정녕 외롭고 위로를 받아야 할 분은 간사님이신데도 형제와 자매들에게 아낌 없는 위로와 사랑을 주시는 모습에서 주님의 살아 계신 모습을 발견하곤 했다. 나의 기도 때문에 살 수 있는 간사님인데 늘 부족함을 느꼈다. 간사님의 기도편지는 나로 하여금 읽을 때마다 울게 했다. 그래서 약국 사무실에 기도편지를 붙여놓고 늘 기도했다.

언제였던가? 하늘이 유난히도 시리도록 파랗고 햇살로 눈을 뜰 수 없을 만큼 여유로운 가을 아침이었다. 전화벨이 울렸다. 김현주 간사님의 맑은 목소리였다. 늦게서야 후원금을 부쳐 드렸는데 고맙다고 하시니 부끄럽고 죄송하기 그지 없었다. 김현주 간사님은 투병 중에도 늘 감사하며 나에게 믿음의 도전을 주셨으며 나와 너무 마음이 통했다. 그래서 내 신앙의 상담자이자, 격려자셨다. 내가 위로를 해드려야 했는데도 오히려 나를 위로하셨고 힘을 주셨다. 내가 만난 사람 중에서 이렇게 나를 감격시킨 분을 만난 적이 없다.

　13년의 세월 동안 나에게도 많은 변화가 있었다. 4년 기도 끝에 1994년 겨울에 남편을 만났고, 벌써 초등학생이 된 아들 석원이를 주셨다. 결혼하고서 나태해진 나를 바로 잡으시려고 하나님께서는 석원이를 가진 10개월 내내 기도하지 않고는 견딜 수 없도록 하셨다. 출산 후에는 극도로 쇠약해진 육신에 산후 우울증과 갑자기 세상을 떠나신 아버지로 인해 고통 속에 있었다. 정말 많은 기도로 무장해야 했고, 기도를 쉴 수가 없었다. 잠시라도 나태해지려 하면 그 틈에 사단이 들어와 힘들게 했기 때문이었다. 나를 기도의 용사로 훈련시키신 훈련 기간이었다. 내 문제에 싸여 투병생활로 인해 고통받고 계신 간사님을 찾아 뵙지 못했다.

　간사님을 생각하며 편지에 마음을 담아 오랜만에 병원을 찾았다. "간사님, 찾아 뵙지 못하고 그 동안 내 문제에 싸여서 기도도 게을리했어요. 정말 죄송합니다. 제가 하루에 만 원씩 100일 동안 모아서 이렇게 목돈을 만들었어요. 어디에다 쓸까 생각하다 간사님 생각이 났어요. 그렇게 꾸준히 모은 거라서 하나님 보시기에 꼭 필요한 곳에 쓰이기를 원하며 기도했어요. 풍족할 때 쓰고 남아서 드리는 것보다 없는 가운데 아껴서 드리면 하나님은 더 기뻐하시잖아요? 주님께서 간사님 병원비에 드리라고 하시네요. 간사님께 조금이나마 도움이 되었으면 좋겠습니다." 그렇게 드리고 나니 기뻤다.

　죽음을 목전에 둔 상황 속에서도 평안과 기쁨을 잃지 않으시고 병문안 간 형제들을 오히려 부끄럽게 하셨던, 세상에 다시 없으실 김현주 간사님. 이제 그 분을 다시는 뵐 수 없음이 너무 안타깝고 그 분이 사무치게 그립다. 그 분을 사랑했던 만큼 나는 많이 힘들었고 하나님을 원망도 했다. 하나님 곁으로 가시기 2주일 전, 남편이신 최 간사님께 당신 들으실까 봐 설거지하시면서 조용히 우시는 걸 못 본 척 하셨다던 간사님. 그 분의 몸은 가셨지만 그 분은 아직 내 마음 중심이신 하나님 옆에 자리하고 계시다.

　이젠 정말 주님의 뜻으로 만나게 되었던 사실만으로 이렇게 내겐 기쁨과 위로와 평안이 되고 있다. 부족하지만 내가 살아 있는 동안 두 분을 돕고 싶다는 약속을 지키고 싶다. 그래서 훗날 김현주 간사님을 환하게 웃으며 만나 뵙고 싶다.

　　　유인옥 · 전주 일양병원 약사로 어려운 이웃을 돌보며 사역하고 있다.

간사님의 말씀은 하나님의 음성

교회를 오래 다녔지만 생활에 큰 변화가 없어 늘 곤고하던 차에 철저하게 훈련을 받고 싶어 제자훈련에 참여하게 되었다. 김현주 간사님이 자매 제자반을 인도하셨다. 김현주 간사님께서 교회 제자훈련을 인도하시면서 더욱 가까워지고 간사님의 성품에 반하여 따르고 존경하게 되었다. 간사님은 교육 내용이 말씀과 연관된 실생활을 간증으로 가정 생활로 또 간사님의 일상 생활을 유리창처럼 투명하게 공개하여 우리에게 모든 것을 오픈하는 쪽으로 유도하셨는데, 삶을 깊이 나누는 데 습관이 안 되어 처음에는 쉽게 되지 않았다. 자신도 모든 것을 다 오픈하는데 함께 훈련받은 집사님들은 마음을 터놓지 않는다고 항상 말씀을 하시면서 힘들어 하셨다.

간사님께 감동 받았던 것은 그 아픈 몸을 가지고도 활발하고, 정신적으로는 그 누구보다 건강했던 모습이었다. 주일 날에는 교회 의자에 앉아 있을 수가 없어서 뒤에 있는 의자에 누워서 예배드리고 예배가 끝나면 성도들이 몰려가서 격려 인사를 하는데, 간사님은 빙 둘러 모여 있는 성도들을 오히려 격려하며 누워서 이야기하지만 그렇게도 밝고 빛나는 모습에 사람들은 환자로 생각하지 못하게 되었다. 그러면서도 유머 넘치는 입담으로 누워서 하는 이야기에 오히려 주위 사람들이 즐거워했다. 차 사고로 인하여 많이 고통을 받았는데도 그 사람을 전도하며 그 가해자를 교회로 데려와서 출석하게 했다. 보통 사람들의 생각을 뛰어넘는 간사님의 하나님을 향한 넓은 마음으로 인하여 마음이 너무 아팠고 가슴이 메어 왔다. 나는 아들이 병원에서 넘어져서 치아가 많이 다쳤는데, 그 원장을 전도하려는 생각도 못하고 치아 교정비를 받았다. 항상 마음에 걸렸는데 간사님께서 편지를 보내셨다. 어려운 말인지는 알지만 다시 주인에게 돌려 주라고 했다. 그 편지를 받는 순간 난 내 자신이 창피했다. 쉽지 않은 편지를 쓰신 간사님의 깊은 마음을 헤아리며 간사님의 말씀을 하나님의 음성으로 들었다. 그 후 그 분을 만나 이러한 내용을 말했는데, 그 분도 역시 받지 않겠다 하여 건축 헌금을 하기로 했다.

간사님은 이것뿐만 아니라 모든 크고 작은 문제의 해결사였다. 부부 싸움으로 인하여 제자훈련을 그만두려고 제자훈련을 빠졌는데, 간사님과 전화로 1시간 이상을 통화하면서 "더 이상 간사님, 나의 한계가 온 것 같아 부부 관계를 유지하지 못하겠다."고 울면서 말하는 나에게 "집사님, 나를 봐! 나보다 더 고통스러워요?"라고 묻는 말에 말문이 막혔다.

음식 만들기도 어려워 침대 끝에 매달려 아이들 자장면 시켜 주어도 얼마나 감사하고 행복한 일인지 아냐고 항상 긍정적인 모습에 전도를 하기 위해서는 웃는 얼굴로 그 사람과 친분을 가지며 식사 대접을 하는가 하면, 또 사람의 분위기를 맞추기 위해 노래방에서도 함께 놀기도 했던 간사님의 배려. 복음을 위한 뜨거운 열망과 함께, 잘못을 따끔하게 지적하셨던 존경스러운 간사님의 삶은 전도와 하나님을 사모하는 것, 그것으로 인하여 모든 것을 드리는 삶이었다.

곽화자 · 제자훈련을 통해 김현주 간사를 알게 되었고
현재 빛과소금교회 집사로 사역 중이다.

언니 같은 스승

　마음에 묻어 두었던 그리운 분을 기억하며 함께했던 생활을 더듬어 보려니 가슴이 뭉클하다. 사모님은 내게 신앙의 스승이셨지만, 포근한 엄마처럼, 때로는 다정한 언니처럼 대해 주셨던 분이시다.
　목포에서 최 간사님이 사역을 처음 시작하실 때 사모님께서는 캠퍼스 방문을 자주하셨는데, 무엇 하나 허술히 보시지 않고 꿈과 영적인 안목을 가지고 대하셨다. 그러면서도 지적하거나, 당신 생각대로 바꾸려고 하지 않으시고, 우리가 이해하고 순종할 때까지 기다리고 권면하셨다.
　여느 주부와는 다르게 어린 은찬이를 두고서 일본 단기선교를 우리와 함께 가셨고, 그때도 늘 웃고, 열정적으로 사역하신 모습이 눈에 선하다.
　우리들은 낯설어 하며 적응하기에 여념이 없었다. 우리들은 한국에서 훈련받은 4영리 전도도 하기 바빴는데, 사모님은 영어를 잘하셔서 현지 사모님과 너무나 좋은 팀워크를 이루셨다. 그래서 일본 교회와 빠른 커뮤니케이션이 이루어졌고, 사역만 하고 돌아오는 단기선교가 아니라 영적인 교통을 깊게 하고, 마음을 주고 받는 선교가 되었다.

일본 교회 목사님께서 그 이듬해에 한국을 방문하셔서 목포 C.C.C.에도 다녀가셨고, 일본 교회 성도들을 데리고 와서 C.C.C. 여름수련회를 참석하는 귀한 일들이 있었다.

사역이 어렵고 힘들 때, 문제가 생길 때마다 인간적인 방법으로 해결하시기보다는 우리로 하여금 바로 무릎을 꿇고 기도하게 하셨다. 그리고 나면 바로바로 응답 받고 사역이 진행되는 것을 보면서 기도하는 자의 기도를 비상으로 들어 주시는 하나님을 체험하게 되었다.

4학년 가을 어느 날은 둘이서 리트릿을 하자며, 집으로 초대해서 맛있는 식사도 주시고, 나를 위해 기도하기 위해 기도노트를 펴셨는데, 거기에는 요일별로 기도하는 기도제목들이 빼곡이 기록되어 있었다. 기도제목을 물으시며 "이 날은 너를 위해 기도할게." 하시던 사모님께서 결혼 후 얼마나 지났을까? "기도하던 중에 생각나서 전화했어. 잘 살아?" 그 말씀에 복바쳐 오르는 그리움의 눈물을 한없이 흘렸었다.

암으로 투병하시면서 항암제에 시달리고, 깊어만 가는 병세에도 우리를 잊지 않고 기도하고 안부하며 복음화의 한 모퉁이를 담당하고 있는 모습이 내게는 큰 도전과 용기와 믿음을 주었다. 사랑하는 김현주 사모님을 언젠가는 고통도 눈물도 없는 주의 나라에서 즐겁고, 기쁜 만남을 갖게 될 때를 기대해 본다.

민형덕·김현주 간사의 순원으로
현재, 대전 새하늘교회 목사 사모로 사역 중이다.

당신은 우리를 위한
하나님의 축복이었습니다

먼저 주의 이름을 찬송합니다. 그 동안 잘 지내셨는지요? 2주 동안 아보시교회에서의 여러분의 사역에 진심으로 감사드립니다. 나는 그 모든 것이 단지 2주간 사역이었다는 것을 믿을 수가 없습니다. 우리 서로는 여러 해 동안 알았던 사람들보다 더욱 친하게 지냈기 때문입니다. 여러분이 한국에 돌아간 후 다음날부터 몹시 많은 비가 내리기 시작했습니다. 지독히 뜨거운 더위와 습기가 온 일본 땅을 감돌았습니다. 여러분은 정말 좋은 기간 동안에 사역하셨어요.

우리는 여러분이 매우 그립습니다. 천국에서나 맛볼 수 있는 놀라운 경험들을 주고 떠났습니다. 아침 일찍부터 저녁 늦게까지 기도와 노래들, 상냥한 미소와 커다란 웃음으로 그리고 전도로 우리의 교회와 집을 가득하게 했습니다. 우리는 모든 것이 너무도 그립습니다. 그러나 우리도 계속적으로 주님을 찬양하고 기도하고 미소지으며 때때로 신나게 웃으면서 하나님의 일을 이루어 나갈 것입니다.

여러분이 이곳에 남겨 주었던 열매들에 대해서 정말 감사드립니다. 우리도 주님의 격려 속에서 한국에 있는 믿음의 청년들처럼 해보려고 열심히 노력할 것입니다. 계속적으로 우리를 위해 기도해 주십시오.

여러분의 지도자였던 현주 간사님이 전도했던 마사미가 신실한 크리스천이 되어 열심히 일하고 있습니다. 마사미는 26일에 있는 히메이지시에서 열리는 전도집회에 굉장한 관심을 갖고 있습니다. 전도집회에 아보시교회 청년들이 'Amazing grace'를 특송하게 되었습니다. 그녀는 청년부에 끼어서 노래를 부를 것입니다. 우리는 마사미가 영향력 있는 여러분의 삶처럼 그리스도의 제자로 되어지기를 희망하고 기도하고 있어요. 여기에서 여러분이 머물러 있는 동안 너무도 감사하다는 마음을 적절한 표현이 생각나지 않아 표현하지 못했어요. 여러분은 우리를 위한 '하나님의 축복'이었습니다.

우리는 너무도 많은 도전을 받았어요. 우리를 위해 주었던 마음과 물질 그 모든 것에 진심으로 감사드립니다. 저는 이 모든 것을 하나님께서 여러분에게 갚아 주시기를 기도하고 있습니다. 하나님이 우리 교회를 축복하셔서 너무도 좋은 친구를 주셨습니다.

일본 아보시교회 우카이 목사, 나오미 사모로부터

팔방미인 내 친구

빛과소금교회에서 10년 전에 간사님을 하나님의 은혜로 만나 간사님의 딸 은혜와 광수가 같은 유치원에 다니고, 같은 여전도회에 속하여 어느 누구보다 가깝게 지냈다. 생일이 나보다 3개월 빠른데 언니라고 부르라고 하고 해마다 5월이면 돌아온 생일을 한번도 잊지 않고 챙겨 주는 간사님. 때로는 식사하고 선물도 사 주고, 몇년 전에는 병원에 입원해 있으면서까지도 다른 사람을 통해서 꽃다발과 엽서를 보내는 것을 보면서 어쩌면 몸이 불편한데도 불구하고 잊지 않고 챙겨줄 수가 있을까? 이게 다 사랑이고 관심이라 생각하니 그 사랑이 너무 과분하다. 건강한 사람도 마음뿐이고 매년마다 챙기기가 그리 쉬운 일은 아닌데.

짧은 스커트에 스카프 매고 단정한 모습으로 때를 얻든지 못 얻든지 복음만 전하는 간사님. 한 영혼이 천하보다 귀하다 하면서 전도하던 그 모습이 생생하기만 하다. 일주일에 몇 번 찾아 가서 같이 교제하고, 놀아 주고, 전도자들의 고민 다 들어 주고, 위로해 주고 기도해 주는 간사님. 전도하러 가면서 빈 손으로 가지 않고 적은 것 하나라도 챙겨서 갖다 주고, 전도하기 위해서 몸과 마음과 정성을 다하여 헌신하는 그 모습. 건강한 나도 못하는데 어쩌면 간사님은 몸도 불편한데…. 나중에는 누워서까지 복음을 전하는 모습을 보았다.

교회 새가족훈련과 제자훈련은 일주일에 한번씩 하는 훈련인데 훈련생들을 위해서 몸부림치며 기도하고 한사람 한사람을 주님의 제자로 키워 가는 그 아름다운 모습. 간사님은 팔방미인으로 못하는 게 없다. 교회 성장에 위대한 공헌을 한 전도와 제자훈련 지도자로, 훈련생들이 너무도 좋아하고 따르게 한 지도자의 모델로 교회 찬양경연대회를 하면 우리 여전도회는 늘 일등을 했다. 거기에는 간사님의 연극, 찬양, 율동 지도가 교회에 늘 새로운 생기를 불어넣어 주었기 때문이다. 간사님의 기도의 무릎은 말 그대로 낙타 무릎이었다.

다른 사람에게 부담 주기 싫어하고 피해가 될까 봐 아파도 아프다 하지 않고, 힘들어도 힘들다 하지 않고, 참고 견디면서 항상 긍정적인 마음으로 짜증 한번 내지 않고 믿음으로 감당한 충성스러운 일꾼이었다. 끊임없이, 변함없이 사랑해 주고 감싸 주고 어느 누구 한 사람뿐만 아니라 모든 사람에게 잘 해 주고 사랑해 주는 것이 쉽지 않는 일인데, 간사님은 다른 사람이 하지 못하는 일까지 다 감당하면서 하나님의 은혜로 항상 성령 충만하고 활짝 웃는 모습으로 살았던 분이다. 한라사원아파트에 살고 있는 이선순 집사 남편이 폐암으로 치료 중에 있을 때 간사님은 자신의 일처럼 마음 아파하면서 함께 울고 계속해서 찾아다니면서 기도로, 물질로, 음식으로 최선을 다했던 모습이 얼마나 아름다운지…. 어려운 사람을 보면 자신의 일처럼 희생하는 뜨거운 가슴을 소유했다. 사람을 좋아하고 어려운 사람들을 친구로 대해 주었다.

무엇이든지 있으면 나눠 주고, 주기 좋아하고, 많은 사람들을 사랑하기도 했지만, 많은 사람이 간사님을 존경하고, 좋아하고, 상담하고, 교제하고, 사랑하면서 살았다. 하루에 한번씩 만나지 않으면 하루가 그냥 지나지 못하여 전화로 수다 떨고 나면 마음을 훤히 들여다 보는 것처럼 편안하게 해 준 친구요, 상담자며, 내가 어려울 때 기대고 싶은 언니 같은 친구였다.

강선희 · 김현주 간사와 평소 가까이 지냈던 친구였고
빛과소금교회 집사로 사역하고 있다.

하늘에 띄우는 편지

　5월 진북동 우리집 뜰에 따사로운 햇빛을 받으며 뾰족이 내민 꽃망울들이 다른 해보다 올해, 더 여러 가지 색깔로 자기 자랑들을 하고 있구나. 세상에 여러 가지 아름다운 것들이 많이 있지만 우리들의 몸과 꿈이 함께 자라 온 것들이라 진북동 철쭉꽃들을 꼭 너에게 보여 주고 싶은데….

　우리가 초등학교 때 추석날 처음으로 엄마가 새 옷을 사 주셔서 너무 좋아 아이들에게 자랑하고 싶어 몇 시간씩 길을 헤매고 다녔는지 기억하니? 맛있는 음식이 있으면 아버지 드리고, 외아들 챙기고, 막내 챙기고, 그리곤 너하고 나였지?

　대학에 들어가면서부터 네 얼굴 보기가 어려웠다. 대학에서 C.C.C. 활동을 하면서부터 아침 일찍 나가 저녁 늦은 시간에 들어와서 아버지와 어머니께 꾸지람도 많이 들었지. 하나님을 먼저 알았다는 이유로 마음고생이 많았던 너였다. 식구들이 이해를 못해서 말이야. 너의 작은 겨자씨가 큰 나무들을 만들었잖니? 아버지, 어머니께서 너를 보내고 성서를 읽으며 마음을 달래는 모습을 보며 네가 더 그립다.

　처음에는 이해를 못하던 너의 생활이었는데, 이제는 너로 인하여 우리 가정에 복음이 들어오게 되었으니 너는 우리 가정에 한 알의 밀알이 되어 너의 열매가 열리고 있구나.

　너는 특별히 옷에 관심도 많아서 내 옷이 예쁘면 네가 먼저 입고 학교 가는 바람에 나는 화가 나 징징 울곤 했지. 어떤 일이든지 야무지게 자기 할 일은 자기가 하고 꼼꼼하게 챙기는 네가 무척이나 나를 걱정해 주었지. "언니는 마음이 너무 여려서 큰 일이야." 하면서. 꼭 언니처럼 다독거리곤 많은 일들을 척척 해결해 주곤 했었잖아. 그렇게도 건강했던 네가 수술을 해야 한다는 소식을 들었을 때 무엇에 뒤통수를 한 대 얻어 맞은 것처럼 멍했단다. 침대에 누운 채로 성경과 기도로 하루를 시작하며 책을 읽고, 투병일기도 쓰고, 야윈 몸으로 혹독한 투병 중에도 항상 밝고 기쁘게, 그렇게도 평안한 마음으로 병실에서 우리를 맞이하던 너의 모습을 잊는다는 것이 견디기 어려운 고통이구나. 사람은 어려울 때 그 영향력을 알 수 있다는 사실을 증명이라도 하듯이 오랜 투병 기간에도 사람들이 끊임없이 너를 찾아와 사랑하고 격려하는 모습을 보며 심는 대로 거둔다는 진리를 실감했다.

　너의 영향력에 어머니, 아버지도 놀랬단다. 네가 서둘러 길 떠나던 날부터 아버지, 어머니의 몸과 마음이 약해지신 모습과 너의 여러 모습들이 교차하면서 가슴이 저려오면 불안과 슬픔에 종종 눈물 흘리며 엎치락뒤치락 잠을 설치기도 한단다.

그리스도인으로 성실하게 살고자 했던 너를 그렇게도 빨리 거두어 가신 하나님의 사랑을 이해하기 어려웠지만, 이제는 어렴풋이 알듯 하구나. 너의 남겨 놓은 삶이 희망으로 살아 숨쉬며 육체적, 정신적 고통에 있는 모든 이들에게 햇살처럼 밝게 비추리라 생각하니 주님이 너를 포근히 감싸 주시고 있음을 언니는 확신한다. 너의 짧은 생이 헛되지 않아 아이들에게 멋진 엄마로 네가 다시 부활하여 항상 가족과 함께 있음을 믿으니 이제야 하나님께 감사와 찬미를 드린다.

내 동생 현주야! 이제 편히 쉬거라. 우리들도 새롭게 일어서련다. 서로 서로의 기도 속에서 만나자. '주님! 동생 현주에게 영원한 안식을 주시옵소서!' 햇살처럼 밝게 빛나거라.

김현숙 · 김현주 간사의 하나밖에 없는 언니.
현재 전주에서 살고 있다.

우리 아이들이 든든하게
일어서는 아름다운 보고

　어느 날 당신의 꿈을 꿨어.
　"여보 이제는 잘 걸을 수 있어." 하고 한발짝씩 걸어가며 좋아하는 모습을 보고 깜짝 놀라 꿈에서 깼어. 집안의 아내는 '해' 라고 하는데 해가 저버린 가정은 어둡기만 해. 당신이 없는 가정은 쓸쓸하고 빈자리가 너무 커. 퇴근하여 돌아오면 하루 종일 집안에서 무엇했느냐고 투정도 했는데, 당신이 떠난 뒤 그 투정이 얼마나 사치인가를 깨달았어.
　"엄마꿈을 꾸고 싶은데 꿈이 안 꿔져." 평상시에 엄마 말도 꺼내지 않던 아들의 말이야. 잘 적응하는 것같이 보이던 아이들이지만 마음이 얼마나 힘든가를 보게 했어. 이 말을 듣고 운전을 하는데 눈물이 앞을 가렸어.
　은찬이가 신발 주머니를 돌리면서 집에 들어 오면 텅 빈 집에 아이를 맞이해 줄 엄마가 없어. 엄마라고 불러본 지 오래되었지. 단어마저 잊어 버렸어. TV에서 엄마라는 말이 나오면 가슴이 뭉클해. 이렇게 소중한 엄마. 쉬는 날, 아이들 생각을 하면 마음이 아려. 왜

휴일은 이렇게 자주 돌아오는지 공휴일이 두려워. 명절은 왜 그렇게 길게만 느껴지는지. 그러나 철없는 것들 아무것도 모르고 그저 즐거운 날이래. 점심에 두 아이가 짬뽕 한 그릇씩을 시켜 맛있게 먹는 것을 보고 감사해. 투정 부리고 짜증내는 시기인데 마음대로 할 수 없는 것이 더 안타깝네. 오히려 어리광부리는 모습이 이쁘고 떼쓰는 모습도 귀여워.

아이들을 기쁘게 해 주려고 시내로 나가 옷을 사 주고, 먹고 싶은 피자, 아이스크림을 먹고 볼링, 수영장, 자전거 타기도 함께하며 실없는 농담으로 아이들과 장난치지만 마음은 울고 있어.

신학기가 되면 학교에서 가족 상황을 적어오게 하는데, 처음에는 엄마 이름을 그대로 적어 가더니 이제는 공난으로 그냥 가져가. 아이들의 마음이 얼마나 허전할까.

당신이 입원해 있을 때 늘 관심으로 기도해 주시고 마음 아파 하셨던 김준곤 목사님을 일어나서 꼭 찾아 뵙겠다고 했지? 당신 보내고 내 마음 너무 힘들어 있을 때 김 목사님께서 편지를 보내 주셨어. 모윤숙 씨의 '렌의 애가' 처럼 당신에게 편지를 쓰면서 슬픔을 달래라고 하셔서 천국으로 편지를 보내면서 내 상상의 주인공인 당신에게 이렇게 내 마음을 나누고 있어.

인생의 활력이 넘치는 절정기에 한쪽 날개인 당신을 잃었어. 인생의 힘찬 비상의 시기에 날개짓도 제대로 못한 채 날개를 접고 한쪽 날개를 허우적 거리고 있지. 마음껏 펼칠 수 있는 가장 왕성한 나이에 준비된 사역으로 무엇이든 해 낼 수 있는 자신감이 넘쳐야 하는 이때에 방향도 없이 주저앉아 헤매이고 있어. 이런 나를 보면서 당신은 무슨 생각을 하고 있을까?

　당신을 보내고 새벽이면 잠을 이루지 못하고 힘들어 할 때 익산에 계시는 이영애 교수님께서 아이들을 불러 주셨어. 결혼하여 익산C.C.C.에서 신혼을 시작했는데, 당신을 보내고 그 익산시를 다시 방문하니 참 기분이 묘했어. 이영애 교수님의 간곡한 요청에 고마워하며 앞 뒤 생각 없이 익산을 향해 아이들을 데리고 기차를 탔어. 익산 사역을 한 학기 하고 필리핀으로 떠났는데 그 짧은 기간에 맺어진 귀한 분. '이렇게 귀한 만남을 주셨을까?' 고마울 따름이야.

　아이들과 눈썰매장에서 신나게 놀고, 교수님 부부의 귀한 대접을 받으며 아이들은 젖은 옷에도 즐거운 모습이야. 생각보다 아이들은 잘 서 가는 것 같아 장해. 어려운 일 생기면 가고 싶은 교수님 댁이야. 작년에 서해안 고속도로가 개통되어 가까워졌다며 교수님 부부는 우리집에 오셔서 아이들과 함께 지내다 가셨어.

　우리를 너무 좋아하시고 심천에서 C.C.C.천막수련회 취사하면서 동고동락했던 김학영 간사님께서 당신이 아플 때 목포에 오셔서 태국 선교에 대한 간증을 들려 주며 선교사의 상을 삶으로 보여 주신 것을 보고 감동받았던 기억나지? 서로 간증하며 병을 이기고 그리스도를 선포하리라 다짐하더니 1년도 채 지나기 전에 당신은 없어. 간사님께서 안타까우신지 아이들을 데리고 태국에 와서 방

학 동안 함께 교제하자고 초청하셨어. 고마우면서도 내가 어떻게 해야 하나 망설이다 가기로 결단했지. 평소 존경하며 깊은 애정을 갖고 있었는데, 관심 써 주신 귀한 마음이 더 고마웠어.

처음 타 보는 비행기에 은찬이는 무척 신기해 했어. 비행기가 창공을 향해 높이 높이 날아갈 때 당신 가까이 온 느낌에 하늘 끝까지 가고 싶었어. 태국에 도착하여 꽃다발 들고 마중 나오신 간사님. 사모님은 선교지에서 은찬이가 음식이 맞지 않을까 염려되어 김치까지 담궈 놓으시고, 열대 지방의 각종 과일도 주시고, 코끼리도 타 보며 외국의 문화를 경험할 수 있게 해 주신 끈끈한 사랑은 잊지 못할 행복한 추억이 되었어. 우리를 격려해 주신 사랑에 감격해 큰 힘이 되었으며, 충전과 회복의 좋은 기회가 되었어. 사역 속에 힘들 때마다 소중한 격려를 생각하니 다시 생기가 돌아 힘이 솟는다.

태국 다녀 올 계획을 알리자 모든 비용을 후원해 주는 목포 C.C.C. 나사렛들의 끈끈한 사랑은 지금도 변함이 없어.

우리집 베란다에 당신이 좋아하는 화분을 잘 키워야 하는데, 관리하지 못하여 물기가 메말라 시들시들 한 나뭇잎이 제 이파리도 이기지 못하고 축 처져 있네. 그러나 화분에 물 한 컵만 주고 나면 금새 생기를 되찾고, 싱싱한 이파리가 시냇가에 심은 나무처럼 생기를 발해. 메마른 화분이 물기로 인하여 싱그러움을 발하게 되듯이, 축처진 어깨를 세워 주고 메마른 심령에 활력을 더해 주신 김학영 간사님과 이경숙 사모님. 물기 없는 축쳐진 나뭇잎처럼 주저 앉아 생기 없이 외롭던 그때, 우리 아이들의 손을 잡아 일으켜 세워 주시고 나를 충전시켜 생기를 돌게 하셨어.

외국 문화를 처음 경험한 은찬이는 얼마나 신기해 하고 몇 마디 외운 태국 인사말과 간사님댁의 앵무새 흉내를 지금도 내며, 학교에서 방학 중의 외국 여행의 경험을 두 번씩이나 발표하였어. 간사님께서 안식년으로 한국에 오셨는데, 목포 집으로 찾아오셔서 하루를 우리와 묵으시고 은혜, 은찬이를 백화점에 데리고 가서 겨울잠바를 사 주셔서 추운 겨울에도 포근한 마음으로 세워 주신 그 사랑으로 인해 따뜻한 겨울이 되었어.

우리가 필리핀에서 선교할 때 은혜를 그곳에서 낳아 은혜가 필리핀에 꼭 가고 싶어하고, 선교사로 헌신하기를 원하던 당신 소원대로 은혜를 대학생 언니들과 C.C.C. 단기선교를 통해 필리핀으로 보내기로 했어. 중학교 2학년 기말시험이 끝나고 필리핀에 보내려고 물건 챙겨 주고 나니 시집 보내는 아빠 심정이었어. 자기가 태어난 곳에 가니 얼마나 기쁜지 친구들에게 자랑하고 학교는 아직 방학에 들어가지 않아 해외체험학습 보고를 해 놓고 마음이 둥 떠 있는 딸. 당신이 은혜 단기선교 보내기를 얼마나 원했는데, 기뻐할 생각을 하니 눈물이 났어. 다녀와서는 언니들과 너무도 친해지고 대학생들과 함께 어울리려고 대학생 모임에 오곤 해. 세계를 보는 안목을 넓히고, 영어에 대한 도전과 너무도 신나는 단기선교로 선교사의 꿈을 잉태하게 된 계기가 되었지.

당신 닮아서 대인 관계를 중요시하는 성품에 대학생 언니들과도 좋은 관계로 잘 적응하며 필리핀 선교를 다녀와 너무도 대견하고 이쁘게 자라 준 딸이 자랑스럽고 앞으로 선교사에 대한 꿈을 꾸게하는 계기가 되었어. 은혜가 필리핀 단기선교를 기쁘고 즐거운 마음으로 간증하는 것을 들으며 감사가 되었지. 함께 간 언니들과 얼마나 신이 났는지 다시 한번 필리핀에 가겠다고 벼르고 있어.

2002년 동계 단기선교로 목포C.C.C. 음악선교단 '필그림' 과 함께 대만 단기선교 순회 공연을 했어. 10개 교회를 순회하며 찬양과 연극을 통하여 그리스도를 전하고 교회 공연과 소년원, 학교 운동장, 아파트 단지에서의 찬양 집회로 예수 그리스도를 영접하고 새로운 인생을 다짐하는 눈물을 보며 감격해 했어. 넓은 안목을 키우기 위해 은찬이랑 은혜를 함께 데려갔는데, 은혜는 공주같이 머리를 묶고 천지창조 연극하고, 필그림선교단은 찬양하고, 내가 설교하는 감격을 경험하며 우리 가정에 큰 격려와 힘이 되었어.

은혜가 이렇게 커서 온 가족이 선교에 사용되고 있으니 너무도 감사했어. 당신이 보면 얼마나 기뻤을까? 돌아오는 날 모두들 선물 사느라 요란했어. 전에 같으면 당신이 좋아하는 엑세서리 고르느라 애썼을 텐데 당신이 없는 선물 준비가 무슨 의미가 있나 하는 생각이 들었어.

비행기가 인천에 도착하자 모두들 공중전화기 앞에서 가족들에게 귀국 보고를 멋드러지게 하는데, 나는 핸드폰을 꺼내어 아이들과 다녀 온 선교 보고를 천국에 있는 당신에게 했지. 버스를 타고 고대했던 집에 아이들과 2주 만에 들어서면서 당신이 집에 있을 것 같은 착각과 기대가 교차했어. 은혜는 함께 다녀 온 언니들과 연락하면서 선교 다녀 온 팀끼리 전주에서 모인다고 하며 설날에 그 복잡한 교통난에도 전주까지 다녀와서 그간의 회포를 풀고 왔다고 좋아했어.

시니어 간사님들이 미국에 있는 국제C.C.C. 본부에 출장가는데, 아이들을 놓고 가려니 발걸음이 천근만근이네. 눈에 밟히고 어떻게 지낼까 생각만 해도 걱정이 돼. 미영이에게 부탁하여 집에 와서 아이들과 있으라고 했어. 당신이 없는 우리집에 하나님이 우리집의 천사로 미영이를 보내 주셨지. 당신이 무료급식 담당하다 넘겨 준 미영 자매 알지? 내가 출타하거나 수련회 때면 집에 와서 아이들하고 놀아 주고, 영화관 데려가고, 롯데월드 아이스링크에서 스케이트 타고, 수족관, 볼링장 등을 데려가서 아이들 기분 맞추어 주려고 얼마나 노력하는지 몰라. 나보다 우리집 상황을 더 잘 아는 자매, 아이들이 표현을 못해도 얼마나 좋아하는지, 미영이에게 맡기면 마음이 놓여. 학교 다니다 방학 때는 서울 집에 올라가면 서운하고 보고 싶은 자매야.

미국에 도착 후 국제C.C.C. 본부에 들렀을 때, 6년 전 생각이 나더군. 당신과 함께 이곳을 방문해서 C.C.C. 빌브라잇 총재실에 들렀을 때, 지구본을 돌리시며 세계를 품고 기도하시는 믿음의 거장인 빌브라잇 박사님 생각나지? 지금은 건강이 안 좋아 힘드시지만 평생 주님 향한 첫사랑이 변하지 않기를 기도하고 계시는 신실하신 믿음에 주님을 향한 사랑을 점검하게 했어.

은혜는 영흥중학교 교지에 선교 간증과 청소년 유해환경에 대한 최우수작 논설문, 그리고 독후감으로 세 편의 글이 실려 친구들의 부러움을 샀고, 백일장 대회에서 우수작으로 뽑혀 학교 복도 게시판에 액자로 만들어 걸어 놓았다고 자랑하더군. 가을에는 쌀 사랑에 대한 백일장에 나가서는 은상을 받았다. 딸의 장한 모습에 당신도 기쁘지? 글쓰는 재주는 어렸을 때 성경 이야기책 무지 많이 읽어 준 영향과 나를 닮은 것 같아. 수학은 어려워해서 당신이 수학 실력을 위해 새벽기도를 많이 했었지? 지금은 아주 잘 하고 있어서 엄마 기도 응답을 이제야 받고 있는 것 같아.

은혜가 사춘기를 지내면서 힘들어 하고 기운 없는 모습이 안쓰러워. 마음대로 투정을 부리지 못하다가 때로는 나에게 반항을 한 뒤 얼마 후 잘못을 깨닫고 편지를 써서 "이놈의 사춘기가 문제야."라고 죄송해 하며 애교를 떨었어. 은혜는 성숙해서 아빠에게 잘 할려고 무척 애를 쓰고 있는 것 같아. 마음껏 이유 없는 반항을 하도록 내가 다 받아 주어야 하는데, 그렇지 못해서 늘 미안한 마음이야.

당신이 은찬이에게 좋은 친구 달라고 기도했는데, 지금은 집에 올 때마다 늘 친구를 달고 다니고, 월드컵에 편승한 축구 분위기에 축구를 너무 좋아하여 반 축구 대회에서 자기가 골을 넣었다고 자랑하는 모습은 너무 귀여워. 반에서 인기가 짱이라고 하며 수학은 즐기면서 하고 영어는 재미있어 하니 얼마나 감사한지. 밤에는 큐티를 해. 힘들어 해서 나와 함께하고 있는데 잘 안 되는구려. 당신이 했던 신앙훈련을 내가 잘 지도해 주어야 하는데 너무 벅차. 이렇게 아이들이 든든하게 일어서는 모습이 아름답지?

질그릇을 만들기 위해 불가마 속에서 연단시키시는 하나님을 생각하며, "이런 일에 절망할거냐? 아니면 하나님의 절대주권에 맡기고 수용할거냐?"라며 주님이 물으셨지. 마음의 상처 가운데 일어서지 못하고 있다가 너무도 오랜만에 불러 본 하나님이야. 피하고 싶고 반항하고 싶었던 마음을 내려놓고 외마디로 하나님을 불러봤어. '하나님! 이제 일어서겠습니다.'

더 이상 어려운 나날을 지속하지 않기로 굳은 마음을 다지며 애써 당신과 지내 온 추억을 지우려 하지도 않겠지만, 지금처럼 안타까움에 헤매는 시간을 보내지 않을 거야. 내가 힘들어 하면 당신은 더 괴로울 것이란 생각이 들었어. 그래서 이제는 밝게 살아가리라 생각하오. 그것이 나보다 당신이 기뻐하고 원하는 일이란 생각이 들었어.

여보, 우리가 든든하게 일어서는 모습을 지켜 봐 줘.

"주님! 일어서는 내 무릎에 힘을 주옵소서. 할렐루야!"

"이 땅에 푸르고 푸른 그리스도의 계절이 오게 하자!"

순(笋)출판사는 주님의 지상명령 성취와 한국 교회를 섬기기 위한 C.C.C.(한국대학생선교회)의 문서사역을 감당하고 있습니다.

투명한 영혼으로 만나는 예수사랑의 순애보

ⓒ 순출판사 2002

2002년 6월 14일 초판 발행
2002년 6월 25일 초판 1쇄 발행
글쓴이 : 김 현 주
펴낸이 : 전 효 심
펴낸곳 : 순(笋)출판사

주소: 서울시 종로구 부암동 46-1
　　　 서울 중앙우체국 사서함 1042호
전화: 02)394-6934~6, 팩스: 02)394-6937

하이텔 · 천리안:cccnews
한국 C.C.C. 인터넷:http://www.kccc.org
등록: ⓡ 제 1-2464호
등록년월일: 1999. 3. 15

값 9,000원

※잘못 만들어진 책은 바꿔 드립니다.

본서의 판권은 순출판사에 있습니다. 무단 전재 및 복제를 금지합니다.